台灣股市解碼

讓你輕鬆成為股市大贏家

張三丰 著

投資，還是投機：代序

今年是何年，年年是好年。我們不談每一年的投資運勢，而是來談一談「投資」的概念。台灣股票市場中的「投資人」到底是在從事投資，還是投機？買樂透彩券是投機還是賭博呢？這是許多人常談論的話題，也是許多投資人自己都搞不清楚得地方。我們就先從這三個名詞開始談起。

所謂「投資」，是指我們可以預期在未來會帶來報酬（或稱獲利）或損失的理財行為。典型而常見的投資管道（工具）像買賣股票、政府公債、不動產、黃金或一般的銀行存款……。

所謂「投機」，是指我們在可預見的未來，因爲短線的理財行爲帶來報酬或損失的行爲。典型而常見的投機管道（工具）像短線操作股票、不動產、期貨或選擇權以獲取利差

報酬。

所謂「賭博」，是指我們在目前或極短時間的未來，因爲主觀或隨機壓寶行爲帶來的報酬或損失的行爲。典型而常見的賭博工具像吃角子老虎、賓果、二十一點等。買樂透彩券絕對不是投資，因爲中不中獎和機率有關，與你的技巧無關，即便是研究再多期的中獎號碼而企圖找出其中的規律，也不會因此提高中獎機率。

如果以「事前的動機」、「事中的運作過程」與「事後的報酬特性」而言，可以區分如下：

	投資	投機	賭博
事前的動機	預期在未來會帶來中長期獲利為目標的理財行為。	以獲取短線價差為獲利目標的理財行為。	目前或極短時間的未來，因為主觀或隨機壓寶行為帶來的報酬或損失的行為。
事中的運作過程	交易機制透明公開，投資人以時間作為獲取適當利潤的代價。	交易機制透明公開，投機客以適當損失作為獲取短線利潤的代價。	交易機制公正性與合法性遭受質疑，賭客常以較大損失作為獲取暴利的代價。
事後的報酬特性	中長線合理的報酬，通常是正向的利潤，基本上不是一種「零合的遊戲」，投資人可能集體獲利，可以創造出集體財富。	短線價差，可能獲利，亦可能損失，基本上近似一種「零合的遊戲」。	暴利或重大損失，基本上是一種「零合的遊戲」，無法創造出集體財富。
知識涉入程度	中長期獲利通常與知識涉入程度成正比。	短線獲利部份與知識涉入程度成正比，部份靠一點運氣。	獲利通常與知識涉入程度無關，與技巧或運氣較有關係。
實例	投資績優股，目的在於獲取中長期的配股與資本利得。	短線炒作投機題材的股票，目的在於獲取短期的價差。	像吃角子老虎、賓果、二十一點、樂透等，無非是靠好運、明牌或作弊來獲取與投入資金不對等的暴利。

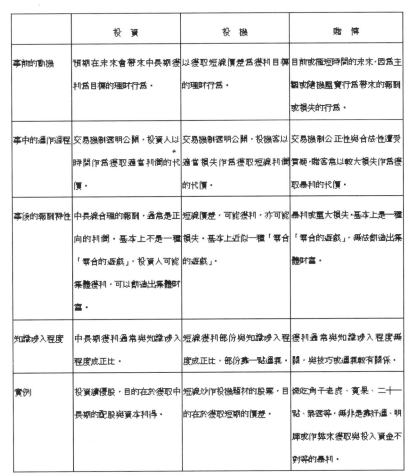

真正的「股市投資人」必須靠深入的證券投資研究，與相關的知識涉入程度才能實現獲利，與運氣與技巧則較無關聯。

【老子】：「不知常，妄作，凶。」

二千多年前老子就告戒我們，對於變化無常的事情，如股票市場，還未學會它的知識與脈動就想有一些作爲、想從中獲利，其實是很危險的一件事。

如果你是道聽途說來投資股票，基本上你是在「賭股票」而不是在「投資股票」了。

如果你是個賭徒，股市是一個充滿無限爆發力的賭場；

如果你是個投機客，股市是一個充滿套利機會的競技場；

如果你是個投資家，股市是一個充滿財富希望的聚寶盆。

有了正確的投資心態才能有穩當的投資性格；有了穩當的投資性格才能有一致的投資信仰；有了一致的投資信仰才有足夠的爆發能量；有了足夠的爆發能量才有淵遠流長的財

富。

【易經系辭傳】：與天地合其德，與日月合其明，與四時合其序，……。先天而天弗違，後天而奉天時。

【股市易筋經】協助您重新審視正確的投資觀，讓您面對驚濤駭浪的股市而能從容自在。如何掌握台股特質？本書告訴你台股的獨特市場特性，當一個先知先覺的投資人，讓你從年初輕鬆賺到年末。

【易經】：旁行而不流，樂天知命，故不憂。

本書【槃若心經篇】以「投資心理學」學理爲基礎，讓您徹底解構投資心理上的盲點，拔除「貪、嗔、癡」的散戶心態，當一個快樂的投資人，讓您在混沌不明的股海中擁有投資明燈。

作者以其長達二十年的實戰經驗搭配學理基礎，將在股市投資的基本功夫化爲顯而易懂的文章，讓您在少許字行間便能領悟戰勝複雜股市的簡單招式。【降龍十八掌】之飛龍在天讓您挑選符合知識經濟時代脈動的當紅股票；密雲不雨讓您依成交量明確掌握波段高低點；亢龍有悔讓您深知情緒控制在股市投資上的重要性；……。本書精彩精準，讓您悠游股市、從容獲利。

台灣股市解碼目錄

第壹篇　股市易筋經

如果你是個賭徒，股市是一個充滿無限爆發力的賭場；

如果你是個投機客，股市是一個充滿套利機會的競技場；

如果你是個投資家，股市是一個充滿財富希望的聚寶盆。

台灣股市在過去 20 年歷經繁榮、暴富、泡沫、破滅與回歸平淡。有人把股市當作是可以一夕暴富的賭場；有人把股市當作是可以隨心所欲的套利提款機；也有人默默耕耘，把股市當作是可以累積財富的聚寶盆。

如何在股市中自由自在的進出、隨心所欲的套利，又可以將它當成是一個傳世之寶？有了正確的投資心態才能有穩當的投資性格；有了穩當的投資性格才能有一致的投資信仰；有了一致的投資信仰才有足夠的爆發能量；有了足夠的爆發能量才有淵遠流長的財富。

本篇文章協助您重新審視正確的投資觀，並告訴你台股的獨特規律性，讓您面對驚濤駭浪的股市而能從容獲利。

一、送你三仟萬

在股市中最忌諱跟隨別人起舞，正確的知識、冷靜的頭腦，加上足夠的膽識才是獲利重要的元素。

先聽一個故事：17世紀在北歐的荷蘭所發生的鬱金香事件（Tulip Craze）。當時在荷蘭突然傳言投資鬱金香的球莖可以致富。爲了快速致富，大家不問情由即開始瘋狂的搶購鬱金香球莖，圖謀轉售以獲取暴利。鬱金香球莖的價格自然跟著暴漲，當時瘋狂的程度令人咋舌。事過境遷，當人們清醒過來後才發覺，自己竟耗費終身的儲蓄以昂貴的不可思議的高價（價格可以高到一萬荷蘭盾的天價）搶購了大量不值錢的鬱金香球莖。鬱金香事件的結果令許多人傾家蕩產，而這場貪婪的鬧劇卻也在一夕之間隨著球莖價格的崩盤而落幕。

以上的實際案例在台灣現實生活中也同樣地一直不斷地上演，如：金融業（國泰人壽歷史天價是1975，而今安在？）、高科技電子業（和申堂天價是999而今如何？），乃至達康（網路）公司的泡沫化（和信超媒體曾以27美元在美國上市、天價97元，而今已下市），以上的現象一般被稱爲所謂的『投機泡沫』。投資的第一堂課是：如何才能清醒進行投資呢？

三丰開誠佈恭地送你三個C：

1．**Calm 冷靜**：泡沫擴大的當時您心裡想的是什麼？心如止水任它漲，抑或受不了誘惑參一腳？在1997年達康（網路）公司剛起飛，市場一片容景時，有許多人問股神巴菲特對投資網路公司的看法，大師說：「不投資，因爲它是一個泡沫，不出三年必破。」事後證明大師所言不虛。所以當大家被美好憧憬沖昏頭時你若能冷靜如巴菲特，自然能立於不敗之地了。

2．**Correct 正確的知識**：股票市場中經常會傳出雜亂、甚至是錯誤的訊息。當市場出現泡沫化時，乍看像是正面的訊息，但事實上，特定標的飆漲所顯示的卻是迫切的危機，而不是新興的繁榮。如何去判斷消息是否真實呢？只有平時多看書、多作功課吧，天下沒有白吃的午餐啊！

3．**Courage 膽識**：在股票市場中要獲利，以上兩個因素只能讓你立於不敗之地罷了，要獲利必須有膽識。獲利只給先知先覺的人，常看市場中投資人常為五毛一元的價差斤斤計較，其時當你得知妳的空間有一倍利潤時，何必在乎那五毛一元的價差呢？三手曾在 2002 年底預估台積電 2003-2006 年的空間在 35-70，幸運的是預估差距不大，實際上高低點是 34.5-72。請問你買在 34 與 35 差別有多大呢？

請問誰可以擁有賺一倍的好手氣？投資股票不是靠運氣，而是靠冷靜的頭腦、正確的知識與超人的膽識罷了。如果你已經很冷靜地把這篇文章看完，相信三手送您的財富已經到手一半了。

二、3P不夠，投資要玩5P

要摒除白吃午餐的觀念，更要捨棄預期自我實現的幻覺。腳踏實地的衡量報酬與風險之間的關係，正確的投資目的是為追求中長期的合理利潤，而非短線的價差獲利。

在本書序中，我們談到何謂投資?它與投機、賭博差別在哪裡?也談到了要獲利必須要俱備的三個C，其中之一是要有正確的知識。我們延續此一話題，談一談投資的正確概念。

投資股票目的是為追求中長期的合理利潤（PROFIT），而非短線的價差獲利。以經濟學的角度來看就是以現今手上所持有的資本，換取未來的資源。因為相信未來可以換取更多的報酬，所以願意犧牲現今的資本使用權，以期待未來能更多的資源可用。未來獲得的資源多出現今所犧牲的部分，就是所謂的**「報酬」（PREMIUM）**。「未來」是具有不確定性(Uncertainty)的，所換得的資源有可能更多，也有可能更少，故投資還是存在著風險的。「利潤」與「報酬」差別在哪裡?如果你有正確的風險意識，因為冒著可控制的風險而獲利就是報酬，如果你很愚昧地忽視風險的存在而一心想著賺錢，你表面是追求利潤，其實是在冒險、是在賭博。

投資股票就是將現在所持有的資金，去換取未來收入；因爲存在風險，所以有可能賺錢，但也有可能賠錢；而報酬可視爲「承受風險」的補償（premium），所以在合理的狀況下，兩者之間存在著「高風險，高報酬；低風險，低報酬」之合理的損益互抵(trade-off)關係。

記住一個觀念：**投資人僅僅只是『可能』（POSSIBLE）『集體獲利』**，亦即股票市場『可能』創造集體利益，所以很有可能發生個別投資人有所謂的**『預期自我實現』的幻覺**。許多投資人常有個現象：買進股票後就陶醉在賺錢的幻想中，賣了股票就認爲拋棄了一個垃圾般沾沾自喜。如果你心理常有這樣的幻想，你大概不是一個可以在股市中賺到財富的人。

再來，以證券投資而言，投資的事前動機爲：預期在未來會帶來中長期獲利爲目標的理財行爲，明白來說，投資首要重視的是該標的股票之公司價值、未來發展潛力及獲利成

長的穩定性，對於所有可能影響該產業之經濟面衝擊也詳加注意，經由公開的交易機制，訊息的完整性，投資者以承擔適當的風險，賺取合理的報酬，所謂的投資報酬爲中長期的配股（包含現金股利與股票股利）與資本利得。相對應的，投機的事前動機爲是以獲取短線價差爲獲利目標的理財行爲，注重的是任何有關個股的短線利空或利多題材，對於中長期的總體經濟形勢並不甚關心。

天下有沒有白吃的（POSITIVE）午餐呢？你若「肖想」要一頓白吃的午餐，除了要接受上一個單元中三手送給你的三千萬外，還要外加一項：**把投資股票當經營（PRACTICE）一家公司。**這是股神巴菲特的十大投資理念之一。…投資像不像是經營一家公司呢？如果你能認同，那離白吃一頓午餐就不遠了。

三、顛三倒四談投資股票的4個R

富貴必須險中求，但千萬不要把富貴往風險裡邊送。投資一定有風險，沒有百分之百確定可以賺錢這回事。當我們對投資對象研究的越透徹時我們所冒的風險就越低。

許多的投資人都會有一些共同的經驗，譬如說當行情低迷時不敢買進股票、行情大漲一段時間才下定決心去作買進的動作，而且常在股市最看好的時候才進場追價。但並非每一個投資人都是如此，所謂的「一樣米養百樣人」，畢竟每個人都有他獨特的人格特質，反應在投資上就是擁有不同的風險意識了。

今天我們來談一談「風險」。**每個人對於風險（Risk）的好惡程度不同，可分爲風險愛好者、風險中立者及風險規避者**。風險規避者在考慮**報酬（Return）**與風險的條件下，比較在乎風險。意即追求低風險勝於高報酬，寧願追求低風險低報酬，也不願接受高報酬高風險。風險愛好者則是在考慮報酬與風險的條件下，比較在乎報酬。意即追求高報酬勝於低風險，寧願追求高報酬高風險，也不願接受低風險低報酬。

在合理的情況下，市場上大多數的投資者應屬於風險規避者，而投機者則應屬於風險愛好者。問題是台灣股市中大部份是投資人還是投機客呢？曾經有一位財經大老憂心地說中華民國（R.O.C.）是一個賭博共合國（Republic of Casino）。其實人都有賭性，尤其是華人賭性堅強，君不見國人對樂透彩的瘋狂程度勇冠全球，可見台灣潛在的風險愛好者滿多的。

三丰提醒大家，「富貴險中求，但千萬不要把富貴往風險裡邊送」。首先，投資人必須要了解投資的本質何在？**認清事實（Reality）：投資一定有風險，沒有百分之百確定可以賺錢這回事**。再來，**當我們對投資對象研究（Research）的越透徹時我們所冒的風險就越低**；當我們總是靠收集馬路消息投資股票、總是看報紙挑明牌、總是用錢買股市名師所報的名牌時，我們所冒的風險就越高。

總而言之，花錢買魚吃，不如花錢學釣魚更實在。

四、恭喜發財談台灣股市的農曆開紅盤

台股農曆新年開紅盤的機率高達77%。但假如農曆年後開紅盤當天是下跌的，一個月內行情都很慘。基本上台灣股市持股過年應當有紅包行情可以期待。

自古以來，國人喜歡過年。在古代張燈結彩、穿新衣戴新帽，在現在有錢沒錢，用年終獎金買些股票好過年。三手告訴您一個好消息：台灣股市的確有過農曆年的習慣，此一現象比「一月效應」更加明顯。但也要告訴您一個壞消息：農曆年開紅盤未必是上漲的，也就是說，「用年終獎金買股票過的不一定是過好年！」

從過去十數年（民國八十三年到九十五年）進行觀察台灣股市過農曆年前後一個月的行情走勢，可以初步發現幾件事實：

1．過去十三年農曆年後開紅盤當天十年是上漲的，只有三年是下跌的（民國八十三、九十與九十二年）。台股農曆新年開紅盤的機率高達77%。

2．過去十三年農曆年後開紅盤後一周的行情，九年是上漲的（平均漲幅 3.2%）、四年是下跌的（民國八十三、九十一、九十二與九十三年，平均跌幅-6.385%）。也就是說，漲時了了，跌時必慘。

3．過去十三年農曆年後開紅盤後一個月的行情，九年是上漲的（平均漲幅7.33%）、四年是下跌的（民國八十三、八十九、九十與九十二年，平均跌幅-9.17%）。也就是說假設您每年都是抱股過年一個月，長期來講會打成平手，不賺不賠。

投資人會問：那有沒有農曆年股市致勝武器呢？有，待三手告訴您如何在台灣股市農曆年開紅盤賺錢，必須先了解其中的脈動規律。

1．台灣股市農曆年前後的行情走勢有基本的規律性。過去十年中，只有民國八十三年在農曆年前一個月起持續下跌到過年後一個月；民國八十六年與八十七年則是農曆年前一個月起持續上漲到過年後一個月。其它的七年農曆年前後都是呈現相反走勢的，其中民國八十九年到九十二年都是過年前大漲、過年後大跌的走勢，平均跌幅達-5.15%。

2．近幾年走勢又有些不同，基本上持股過年應當有紅包行情可以期待。九十三年則是農曆年前一個月起持續上漲到過年後一個月，漲幅驚人超過 14%；九十四年到九十五年指數陷入盤整小漲格局，但指數幾乎滯流不動。

3．更重要的鐵律是：假如農曆年後開紅盤當天是下跌的，一個月內行情都很慘。八十三年開盤大跌 279 點，一個月大跌 960 點（跌幅高達-15.26%）；九十年開盤大跌 168 點，一個月大跌 348 點（跌幅達-5.95%）；九十二年（去年）開盤大跌 181 點，一個月大跌 618 點（跌幅達-12.32%）。也就是說，當您看到農曆年後開紅盤當天是下跌的，您還是少輸爲贏先溜大吉爲妙阿！

不論行情如何走，三手仍然要提醒大家：**基本上台灣股市持股過年應當有紅包行情可以期待**。但若農曆年後開紅盤當天是下跌的，您還是先退出股市待機再進較佳。祝福大家年年如意、富貴平安。

	民國83年	民國84年	民國85年	民國86年	民國87年	民國88年	民國89年	民國90年	民國91年	民國92年	民國93年	民國94年	民國95年
封關日前一個月之交易日收盤指數	1月5日 6416.84 (-122.71) -1.19%	12月27日 6982.91 (-675.06) -9.67%	1月15日 5027.01 (-217.99) -4.34%	1月4日 6820.35 (+526.52) 7.72%	12月22日 8104.03 (-18.56) -0.23%	1月11日 6406.99 (-608.98) -9.50%	1月4日 8756.55 (+1099.8) 12.56%	12月18日 5055.2 (+792.71) 15.68%	1月6日 5834.89 (+91.19) 1.56%	12月30日 4457.75 (+557.41) 12.50%	12月16日 5887.23 (+382.48) 6.50%	1月3日 6143.12 (-108.52) -1.77%	12月23日 6512.13 (+20.05) 0.30%
封關日前一週之交易日收盤指數	1月31日 6115.12 (+179.01) 2.93%	1月19日 6598.02 (-290.17) -4.40%	2月8日 4741.46 (+67.56) 1.42%	1月27日 7156.95 (+189.92) 2.65%	1月15日 7770.77 (+314.7) 4.05%	2月3日 5743.86 (+54.15) 0.94%	1月24日 9387.07 (+469.32) 5%	1月11日 5369.24 (+478.67) 8.92%	1月30日 5812.67 (+113.41) 1.95%	1月21日 4945.87 (+69.29) 1.40%	1月9日 6226.98 (+42.73) 0.69%	1月27日 5842.76 (+191.84) 3.28%	1月18日 6498.92 (+33.26) 0.51%
封關日收盤指數	2月5日 6294.13	1月26日 6307.85	2月15日 4809.02	2月3日 7346.87	1月22日 8085.47	2月10日 5798.01	2月1日 9856.39	1月18日 5847.91	2月6日 5926.08	1月28日 5015.16	1月16日 6269.71	2月3日 6034.6	1月25日 6532.18
新春開盤當日收盤指數	2月14日 6015.26 (-278.87) -4.43%	2月4日 6328.38 (+20.53) 0.33%	2月23日 4830.21 (+21.19) 0.44%	2月11日 7410.47 (+63.6) 0.87%	2月2日 8405.11 (+319.64) 3.95%	2月20日 6072.33 (+274.32) 4.73%	2月9日 10008.88 (+152.49) 1.55%	1月29日 5680.06 (-167.85) -2.87%	2月18日 5968.61 (+42.53) 0.72%	2月6日 4833.58 (-181.58) -3.62%	1月27日 6384.63 (+114.92) 1.83%	2月14日 6112.4 (+77.8) 1.29%	2月3日 6594.6 (+62.42) 0.96%
新春開盤後一週之收盤指數	2月21日 5783.89 (-510.24) -8.11%	2月11日 6565.24 (+257.39) 4.08%	3月1日 4877.38 (+68.36) 1.42%	2月18日 7642.02 (+295.15) 4.02%	2月9日 8634.61 (+549.14) 6.79%	3月1日 6312.25 (+514.24) 8.87%	2月16日 10064.49 (+208.1) 2.11%	2月6日 5849.06 (+1.15) 0.02%	2月25日 5510.71 (-415.37) -7.01%	2月13日 4507.96 (-507.2) -10.11%	2月3日 6252.23 (-17.48) -0.28%	2月21日 6142.78 (+108.18) 1.79%	2月10日 6594.92 (+0.32) 0%
新春開盤後一個月之收盤指數	3月14日 5333.87 (-960.26) -15.26	3月4日 6530.74 (+222.89) 3.53%	3月25日 5067.51 (+258.49) 5.38%	3月11日 8246.63 (+899.76) 12.25%	3月2日 9277.09 (+1191.6) 14.74%	3月20日 6993.38 (+1195.4) 20.62%	3月9日 9587.27 (-269.12) -2.73%	3月1日 5499.86 (-348.05) -5.95%	3月18日 5972.11 (+46.03) 0.78%	3月6日 4397.44 (-617.72) -12.32%	2月27日 6750.54 (+480.83) 7.67%	3月14日 6155.51 (+120.91) 2%	3月3日 6553.66 (+21.48) 0.33%

五、從開紅盤談台股的一月效應

台股的一月行情漲跌各有一半的機率，但是漲幅大約是跌幅的兩倍。整體而言，台灣股票市場一月份的報酬是正的。

「股市開紅盤」是國內股市新春開盤的慣用名詞，爲什麼股市新春開市一定要用「開紅盤」呢？這是起因於中國的股市交易所起源地上海證券交易所的交易，最早是以粉筆在行情揭示板上（其實就是一張高掛在一個人高的大黑板）由人工撮合書寫。過年時爲討個吉利，改以紅色粉筆代替平時的白色粉筆記載成交行情。從此以後便以「股市開紅盤」作爲我國股市新春開盤的慣用名詞了。

不過投資人在意的並不是名詞上的「開紅盤」，而是新春開市來個大漲、賺錢來得踏實些。其實在國內外皆對新年開市是否開個紅盤很在意（其實所有洋人股市紅盤是下跌、綠盤才是上漲）。學術界把股市在新春一月是否有異常表現稱之爲「一月效應」或「元月效應」（January Effect）。在國外多數先進國家股市的確存在著一月效應－元月份行情漲多跌少，即使不懂行情亂買還都是會賺到錢的。重要的是台灣股市呢？依據統計，過去的15年中以漲跌年數來看，平均而言並不明顯存在一月效應，但越是靠近現在的五年、十

年卻有明顯的跡象，表示國內股市與國際股市的互動性越高了。以下簡單的敘說台灣的「元月效應」現象：

1．過去15年內，8年的一月份行情是上漲的，7年下跌。上漲年度的平均月投資報酬率爲12.64%；下跌年度的平均月投資報酬率爲-5.41%；15年的平均月投資報酬率爲4.17%。

2．過去10年內，5年的一月份行情是上漲的，5年下跌。上漲年度的平均月投資報酬率爲12.45%；下跌年度的平均月投資報酬率爲-6.65%；10年的平均月投資報酬率爲3.52%。

3．過去5年內，4年的一月份行情是上漲的、只有一

台灣股市的元月效應		全月	上漲	下跌
過去15年	上漲（下跌）年數	15	8	7
	平均報酬率	4.17%	12.64%	-5.41%
過去10年	上漲（下跌）年數	10	5	5
	平均報酬率	3.52%	12.45%	-6.65%
過去5年	上漲（下跌）年數	5	4	1
	平均報酬率	9.81%	13.85%	-4.94%

年（1999年）下跌。上漲年度的平均月投資報酬率爲13.85%；下跌年度的月投資報酬率爲-4.94%；5年的平均月投資報酬率爲9.81%。

即使阿扁總統上台後的股市行情整體而言都不佳，但特別的是他上台後每年的一月行情都是踏踏實實的開紅盤，月平均投資報酬率高達13.85%。如果你相信他，那麼我們對一月份的行情總有個期待。如果再把前一個月，亦即12月份的行情考慮進來，可以發現幾個值得投資人注意的現象：

1．整體而言，台灣股票市場一月份的報酬是正的。

2．以上的現象越靠近目前越明顯。

3．如果前一個月（12月）是上漲的，一月份會漲的更兇、若跌則跌得輕；如果前一個月是下跌的那更不用怕，一月份會漲回來。

六、吃完粽子賣股票：

台灣股票市場的端午節效應

中國傳統的端午節又稱惡人節。台股端午節後一個月下跌機率高達七成，端午節一到，便是暫時出脫股票的好時機，靜待中秋的來臨。

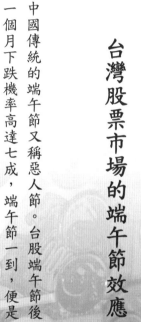

中國傳統的端午佳節，戶戶吃粽子喝雄黃。其實端午節對華人而言並非「佳節」，端午節又稱惡人節（非愚人節），它是戰國時代名人屈原與伍子胥自（被）殺的日子，也是蛇精出沒的日子，喝雄黃酒意謂在於驅毒。

到底端午節後能否持有股票？投資行爲與報酬是否具有規律性呢？請看以下分析便知曉。

近十三年端午節前行情還算不錯，端午節前一個月之股市，有七年上漲、六年下跌；端午節前一週之股市，有八年上漲、五年下跌。

端午節後行情就完全不同囉。近十三年端午節後一週之股市，有八年下跌、只有五年上漲。八年下跌平均跌幅 1.7%、五年上漲漲幅 2.68%。端午節後一個月之股市四年上漲，平均報酬 6.94%；九年下跌。平均報酬-7.30%。若以平均報酬而言差異不大，若以下跌機率而言卻滿大的。

而十年來端午後大漲行情有三年，其實都是大災難後的反彈。其中 1994 年值名古屋空難後反彈；1997 年口蹄疫大跌後反彈；2003 年因爲在年初發生 SAS 危機，端午前受到控制，導致於該年跌深反彈力道也大。

其實端午節後時間已經逼近暑假，暑假的行情更是一年的谷底，若一氣呵成來看，其實端午節一到，便是暫時出脫股票的好時機，等待中秋的來臨。而暑假則是一年之中可以拋開煩惱，好好休息的長假期。投資人記住了嗎？

而更值得注意的是，1998-2002 年連續五年在端午節後都是下殺的，直到 2003 股市反轉多頭後才有改變。而今年的端午節後股市行情爲何？如果您認爲多頭成份不大的話，怎麼操作應該是呼之欲出了。

年別	前一個月	前一週	後一週	後一個月	端午到中秋	備註
1994	0.19%	-0.06%	-0.58%	4.03%	16.05%	名古屋空難後反彈
1995	-1.00%	2.75%	-1.83%	-7.02%	-9.31%	
1996	10.48%	0.06%	2.46%	-2.66%	2.01%	
1997	1.63%	2.08%	3.26%	11.89%	8.68%	口蹄疫大跌後反彈
1998	-4.83%	-5.74%	-3.37%	-4.49%	-16.24%	
1999	9.08%	3.70%	-0.10%	-10.73%	-3.65%	
2000	4.56%	2.21%	-0.75%	-7.47%	-18.12%	
2001	-5.14%	-3.28%	-0.36%	-15.66%	-25.84%	
2002	-5.90%	2.38%	-3.19%	-3.04%	-20.37%	碰上華航澎湖空難
2003	4.55%	11.71%	2.71%	10.13%	20.21%	SAS後跌深反彈
2004	-6.85%	-1.59%	3.33%	-3.03%	5.27%	
2005	4.65%	1.38%	1.63%	1.72%	-2.53%	
2006	-4.53%	-0.44%	-3.42%	-2.08%	2.19%	
平均	0.53%	1.17%	-0.02%	-2.18%	-1.58%	

註：近13年端午節後一個月之股市4年上漲，平均報酬6.94%；9年下跌，節後一個月平均報酬-7.30%；至中秋節平均報酬-1.58%。

七、放暑假要專心：

台灣股票市場的暑假效應

台灣股市在暑假期間的行情通常不佳，天災人禍不斷，股市下跌機率高達七成。放暑假要專心，把手中持股大量出脫才是最好的策略。

如果說放暑假不適合買股票，那麼放暑假更要專心，把手中持股大量出脫才是最好的策略。台灣股市在暑假期間的行情通常不佳，天災人禍不斷，前者如一年比一年嚴重的颱風風災，又如921地震則發生在暑假尾巴；後者如李前總統的二國論、阿扁總統的一邊一國論所引發的台海危機，皆發生在暑假，911恐佈攻擊事件也發生在暑假尾巴。說白了，中秋節前投資股票可以用「膽戰心驚」來形容。

到底放暑假能否持有股票？投資行爲與報酬是否具有規律性呢？請看以下分析便知曉。

近十三年（1994~2006年）放暑假前行情表現還算平平，放暑假前一個月之股市，有五年上漲、八年下跌。開始放暑假後行情就完全不同囉。近十三年放暑假後一個月之股市只有五年上漲，平均報酬7.2%（其中二年報酬率超過一成）；八年下跌，平均報酬-6.5%，總平均報酬爲-1.46%，若扣除1994年與2003年外平均報酬則爲-3.61%。若以2000年後行情來觀察則下跌機率高達七成（只有 2003 與 2005 年上漲）。

再以近十三年暑期結束（開始放暑假後二個月，亦即到九月一日止）來觀察，其中四年的上漲基本上是具有延續性的（1998 年除外），平均報酬 7.9%。真正的多頭是 1994 年與 2003 年，漲勢驚人；而其它的九年下跌，平均報酬-7.11%，總平均報酬爲-2.49%。若扣除 1994 年與 2003 年外平均報酬則爲-5.76%。

若以放暑假到中秋節來看，近十年台灣股市的暑期中五年上漲（與前述年別相同），平均報酬 6.3%。其它的八年下跌，平均報酬-6%，總平均報酬爲-1.27%。若扣除 1994 年與 2003 年外平均報酬則爲-3.27%。

綜合上述，台灣股市的暑假效應若以機率來看是「跌多漲少」的，1998 年後更加明顯，除了 2003 年的大反彈行情外，皆是全盤皆墨的。

天災人禍多是台灣放暑假的最大特色。三手建議您放暑假時就要專心放，好好的放鬆自己作休息，暫時撤出股市才是最好、最安全的策略。

年別	前一月指數	後一月指數	暑假結束	到中秋節	備註
1994	-0.48%	13.25%	17.56%	14.72%	
1995	-4.71%	-4.51%	-12.12%	-12.40%	
1996	9.64%	-6.09%	-3.33%	-4.63%	賀伯颱風
1997	10.62%	10.76%	0.27%	7.49%	
1998	-0.76%	0.98%	-16.08%	-10.51%	
1999	14.46%	-15.02%	-2.29%	-4.02%	兩國論引發台海危機； 729 全台大停電； 921 集集大地震。
2000	-6.53%	-3.39%	-10.22%	-5.04%	八掌溪事件；象神颱風
2001	-2.60%	-10.85%	-8.78%	-7.66%	桃芝、納莉颱風； 911 恐怖攻擊事件
2002	-12.44%	-1.06%	-6.53%	-0.01%	一邊一國論
2003	10.14%	7.43%	13.43%	4.73%	
2004	-2.49%	-7.13%	0.36%	0.21%	
2005	5.03%	0.57%	-3.81%	-3.77%	
2006	-2.45%	-3.93%	-0.79%	4.36%	紅衫潮
平均	1.34%	-1.46%	-2.49%	-1.27%	

註：暑期開始以 7 月 1 日爲基準日；暑期結束以 9 月 1 日爲基準日。

八、吃完月餅買股票：

台灣股票市場的中秋效應

中秋節是第四季的開始，更是股市從谷底翻揚、等待獲利的好時機。台股在中秋節後到年底前獲利機率高達七成七，萬萬不要錯過一年一度獲利的機會。

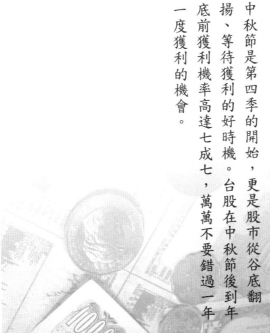

月圓人團圓，中秋節代表著幸福圓滿，是中國傳統的團圓佳節，戶戶賞月吃月餅。

中秋節與股市脈動是否有關聯？投資行為與報酬是否具有規律性呢？持有股票安心嗎？台灣股市在一年之中以第四季的多頭走勢最明顯，中秋通常是第四季的起始點。以過去超過十年的歷史來觀察，大約有四分之三的機會是多頭走勢。易言之，假如我們不管當年度的特殊狀況，碰到中秋節就作買進動作的話，四年中有三年是賺錢、只有一年會賠錢。

近十年中秋節前行情還算不錯，中秋節前一個月之股市，有六年上漲、四年下跌；中秋節前一週之股市，有七年上漲、三年下跌。

中秋節後行情如何呢？近十多年中秋節後一週之股市，有九年上漲、只有四年下跌。九年上漲平均漲幅2.37%、四年下跌平均跌幅2.73%。中秋節後一個月之股市五年上漲，平均報酬4.43%；八年下跌。平均報酬-7.9%。若拉長來看，中秋節後一季之股市十年上漲，平均報酬3.56%；三年下跌，平均報酬-2.84%。

其實中秋節後大約是每年的第四季，台灣暑假行情幾乎是半休息狀態，甚至是一年中行情的谷底，中秋節一到，便是股市從谷底翻揚，投資股票等待獲利的好時機。我國有一句古話說「秋收冬藏」也同樣符合股票的脈動規則，投資人心動了嗎？

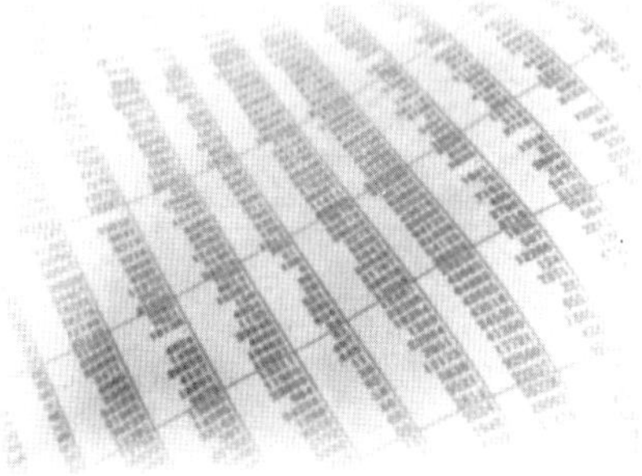

年別	前一個月	後一週	後一個月	後一季	備註
1994	3.47%	3.45%	2.84%	3.69%	
1995	-14.36%	1.17%	6.16%	-5.57%	
1996	1.34%	-0.45%	3.96%	1.28%	
1997	1.41%	3.14%	-6.38%	-2.87%	
1998	-9.92%	1.55%	-3.27%	0.48%	
1999	5.21%	1.80%	-4.52%	1.67%	921 地震
2000	-7.63%	5.21%	-7.60%	1.72%	911 恐怖攻擊事件
2001	0.43%	-4.60%	-22.56%	4.62%	
2002	-3.69%	-4.10%	-12.89%	1.01%	
2003	0.29%	4.89%	7.42%	-0.08%	
2004	1.04%	3.96%	-2.63%	2.59%	
2005	-2.73%	-1.75%	-3.39%	6.56%	
2006	4.62%	1.02%	1.76%	11.98%	紅衫潮

註：近十三年中秋節後一個月之股市五年上漲，平均報酬 4.43%；六年下跌。平均報酬-7.9%。中秋節後一季之股市七年上漲，平均報酬 3.56%；三年下跌，平均報酬-2.84%。

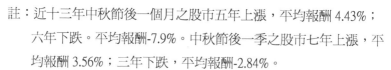

九、藍綠之爭有那麼嚴重嗎？

談台灣股市的選舉效應

藍綠之爭的結果真的有那麼嚴重嗎？十年來大選後一周平均漲幅達4.04%；選後一個月平均漲幅達4.77%。若扣除下跌的二年，十年來大選後一周平均漲幅高達6.82%，選後一個月平均漲幅高達11.13%。基本上，台股選後的行情是可以期待的。

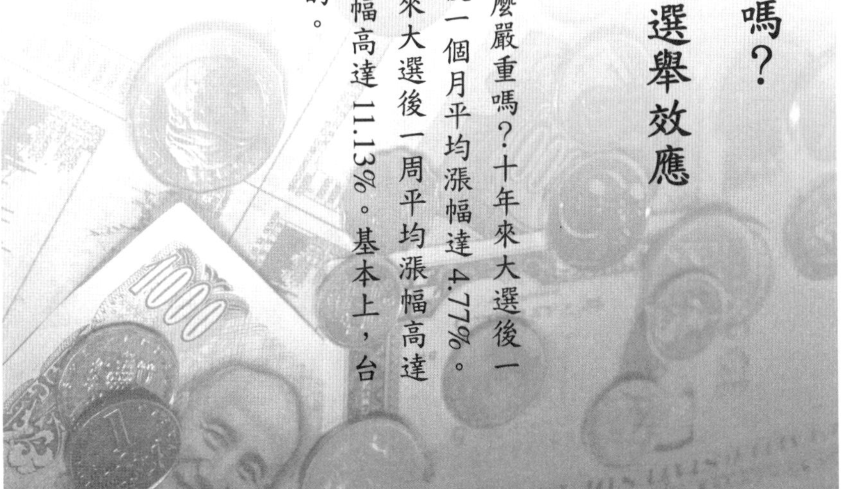

對台灣而言，每年都是選舉年，政治板塊的移動是眾所關心的，但股市的反應恐怕是所有股民更想理解的部份。說台灣的股票市場是一個政治盤一點兒都不過份。台灣股民對藍天與綠地之爭對股市影響所投注的關心程度恐怕是稱冠全球的。

然而，藍綠之爭的結果「真的有那麼嚴重嗎」？我們從過去十年的選舉結果與股市漲跌來進行觀察便可略窺一二了。

綜觀十年來的「選舉行情」，基本上是漲多跌少的。選前一個月只有一年是下跌的（2000年的總統大選）；選前一周共有四年是下跌的，其實就是最近的四年，也反映了台灣股民近年來心裡的不安已遠大於以往。選後一個月（包括選後一周）只有二年是跌的（1998年的第四屆立委選舉與 2003 年的縣市長選舉），其餘各年皆是上漲的。十年來大選後一周平均漲幅達 4.04%；選後一個月平均漲幅達 4.77%。若扣除下跌的二年，十年來大選後一周平均漲幅高達 6.82%；選後一個月平均漲幅高達 11.13%。另外再細看比較特殊的幾年

選舉行情：

1．十年來所有的全國性選舉中，1997 年的縣市長選舉與 1998 年的第四屆立委選舉，在選前一周是以跌超過百點反映不安。其中 1998 第四屆立委選後行情是下跌：選後一周股價指數下跌 153 點（-2.12%）；選後一個月股價指數大跌 1049 點（-14.57%）。另外情況類似的是 2003 年初的縣市長選舉，選後持續下跌，選後一周股價指數下跌 280 點（-5.58%）；選後一個月股價指數大跌 489 點（-9.75%）。除此之外，大選後行情皆是往上攻堅。

2．總統選舉是否存在「選舉效應」？台灣在過去的歷史中一共有二次民選的總統大選。1996 年因爲台海危機造就了李登輝超高人氣與得票率，股市在全國人民大團結的現象下不論選前或選後都一路飆漲，選後一個月大漲 841 點（14.23%）。

3．十年來選前行情只有 2000 年的第 10 任總統大選，台灣面臨第一次的政黨輪替，股市將此不安的情緒提早反映而下跌。但是股市在選後阿扁獲得執政權後卻以「利空出盡」來反映。一周股價指數大漲 719 點（8.2%）；選後一個月股價指數上漲 544 點（6.21%）。但若將時間拉長將勾起許多人心中的痛，因爲扁政府獲得執政權後不到二年股市大跌約七成（10393-3411）。

4．2004 年在執政者精心策劃割喉戰下，陳水扁以些微差距取勝，並引發股市恐慌性賣壓。選後地一個交易日便大跌 455 點(6.68%)，幾乎所有個股全面倒地，一週內大跌 682 點(10.73%)，直至一個後才慢慢回復元氣。但俟後四個有接連下殺達 1400 餘點，到八月初已下探到 5400 餘點。

最後奉勸親愛的投資朋友，不管你是認同的藍還是綠，千載難縫的賺錢機會一定要把握，選前大約都有選舉行情。接近投票日千萬不要樂昏了頭，一定要記得「現金才是最可愛的」（Cash is King!）。

選舉日期	1994/12/03	1995/10/02	1996/03/23	1997/11/29
選舉項目	省市長	第三屆 立法委員	總統、國大代表	第三屆 縣長選舉
選舉結果	台灣省：國 台北市：民 高雄市：國	國民黨：85 民進黨：54 新黨：21 無黨籍：4	總統：李登輝 國大代表席次 國民黨：184 民進黨：99 親民黨：46 新黨：46	國民黨：8 民進黨：12 無黨籍：3
選前一個月 股價指數	6306 +173 (2.74%)	4801 +8 (0.17%)	5008 +58 (1.16%)	7089 +708 (9.99%)
選前一周 股價指數	6439 +40 (0.06%)	4586 +223 (4.86%)	4936 +130 (2.57%)	7907 -110 (1.39%)
選前一天 股價指數	6479	4809	5066	7797
選後第一天 股價指數	6750 +271 (4.18%)	4745 -64 (1.33%)	5067 +1 (0%)	7400 -397 (5.09%)
選後一周 股價指數	6722 +243 (3.75%)	4958 +149 (3%)	5127 +61 (1.2%)	8243 +446 (5.72%)
選後一個月 股價指數	7051 +572 (8.83%)	5146 +337 (7.01%)	5907 +841 (16.6%)	8076 +279 (3.58%)

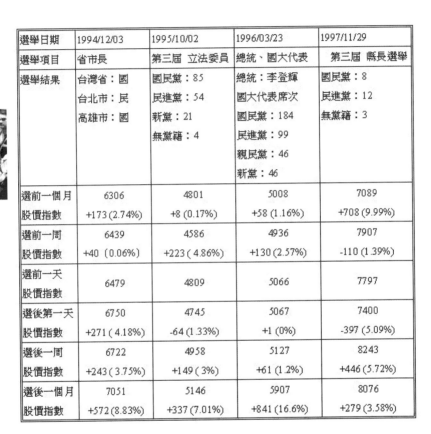

選舉日期	1998/12/05	2000/03/18	2001/12/01	2003/02/01	2004/03/20
選舉項目	第四屆立委	第10任 總統大選	第五屆 立委	第 4屆 縣長選舉	第11任 總統大選
選舉結果	國民黨：123 民進黨：70 新黨：11 無黨籍與其他：20	總統：陳水扁 得票率 扁：39% 連：23% 宋：37%	國民黨：68 民進黨：87 親民黨：46 台聯：13 無黨籍與其他：10	國民黨：9 民進黨：9 親民黨：2 新黨：1 無黨籍：2	總統：陳水扁 得票率 扁：51% 連、宋：49%
選前一個月 股價指數	6957 +244 (3.51%)	10096 -1333 (13.2%)	3929 +512 (13.03%)	4525 +490 (10.83%)	6681.52 +133.57 (+6.67%)
選前一周 股價指數	7320 -119 (1.625%)	9429 -666 (7.06%)	4519 -78 (1.73%)	5057 -42 (0.83%)	6800.24 +14.85 (0.22%)
選前一天 股價指數	7201	8763	4441	5015	6815.09
選後第一天 股價指數	7303 +102 (1.42%)	8536 -227 (2.66%)	4646 +205 (4.62%)	4833 -182(3.63%)	6359.92 -455.17 (-6.68%)
選後一周 股價指數	7048 -153 (2.12%)	9482 +719 (8.2%)	5333 +892 (20.1%)	4735 -280(5.58%)	6132.62 -682.47 (-10.73)
選後一個月 股價指數	6152 -1049 (14.57%)	9307 +544 (6.21%)	5600 +1159 (26.1%)	4526 -489(9.75%)	6779.18 -35.91 (-0.59%)

第貳篇　台股風雲之新天龍八部

一樣米飼百樣人，您可知道人有個性、股票有股性？許多投資人有相同的感慨：好股票不一定漲、爛股股票也不定賠。爲什麼？因爲股票漲跌雖與本質好壞有關，更與其股性有直接關聯。

買什麼股票好？這是許多投資人面對分析師最常掛在嘴邊的話。你也聽到許多老師搖擺不定，一下子河東、一下子河西的亂報一通，沒有規律可言，讓人有「面前全金條，要拿甭半條」之憾。

透過本篇，您將對台灣過去 30 年的股市的漲跌歷史有全盤瞭解，在進入知識經濟時代的門檻時便能掌握哪些股票是長期投資持有標的？哪些股票是中期波段操作標的？哪些股票是短期投機炒作標的？讓您心頭抓乎在，從容設計自己的投資組合。

一、台灣股市之新天龍八部

基本面好的股票不一定會漲、基本面差的股票不一定會跌；相同的，技術面好的股票不一定會漲、技術面差的股票不一定會跌。人有個性、股票也有股性。只要我們能夠掌握股票的股性，投資獲利就能得心應手了。

古云：時序運行，陰陽變化，五行制化，天地合氣，生育萬物

李長林在《中國系統思維》裡邊說：萬物之所以具有五行結構，主要原因是萬物都具有各自的功能屬性，這種功能屬性又會隨著季節的周而復始，表現爲相應的周期性和階段性。這種運動的周期性和階段性，又使各種不同事物內部必然形成相應的五行結構。而五行結構的生剋制化就構成了事物與事物之間的同構關係和統一的運動節奏。

「一樣米飼百樣人」是台灣的一句俗語，意思在於人有不同的性情與個性。然而即使如此，人在相異性外亦存在同質性，股票市場中的投資人不就是如此嗎？中國老祖先依照天地陰陽幻化，將人、物特性區分爲「金、木、水、火、土」五大類。相同的道理，人有個性，股票也有股性。三手獨創的「自然規律脈動分析」中的「脈象分析」依長期走勢將所有上市上櫃公司的股價走勢分爲八大類，稱之爲「新天龍八部」。

所謂「八部」者，一天，二龍，三夜叉，四乾達婆，五阿修羅，六迦樓羅，七緊那羅，八摩呼羅迦，其地位依次排列。「天龍八部」原本起源於佛經中，述說萬象之中非人生靈的特色。脈動神功的脈象分析引用來陳述台灣股市中個別類型的股票的長期走勢特色，恰如其份。

投資人都會有一種感嘆：基本面好的股票不一定會漲、基本面差的股票不一定會跌；相同的，技術面好的股票不一定會漲、技術面差的股票不一定會跌。三丰獨創的「新天龍八部」分類方式提供您一個觀察股市脈動不同的觀點。首先就讓我們從「天」談起。

天龍八部之首爲「天」，天是指天神，亦即修行極高，爲眾部所崇敬，享有極高榮耀者，天神之首稱爲「帝釋」。天神必須持續修行，因爲它亦有任期，任期長短盡由其修行情況而定。當天神任期結束，必須死亡、落地、重回凡間。天神臨死之前有五種徵狀：衣裳垢膩、頭上花萎、身體臭穢、腋下汗出、不樂本座（或說是「玉女離散」），這就是所謂

「天人五衰」。

股市是一國的政經櫥窗，在經濟發展的每一個階段中皆有最具代表性的產業(或類股)，而代表性的類股中皆有其領導廠商，我們俗稱爲「龍頭股」。她是一國經濟之龍頭，其營收可爲全國經濟榮枯代表，生命週期約六到十年左右。如民國六零年代的機電、塑化股；民國七零年代的三商銀與國泰人壽，前者高點超過九百元一股，後者高點超過一千九百元一股。八零年代後期爲台積電，高點超過三百元一股；邁入二十一世紀的鴻海還原權值已過一千。但已不如金融股在七零年代的股價表現了。

「天」類股票適合長期投資，但需注意長波段週期。以台積電爲例，其生命週期在公元二〇〇〇年已經結束，卻未見台灣「新天王」出現，整體股價往下修正，約略需要三到五年時間。

我們正在尋找未來十年中台灣股市的天字級股票，他不會是「純電子股」(君不見十年前電視劇中扮演男主角的人現在都在演「男主角的爸爸」)。三手認爲未來十年中台灣股市的天字級股票可能有三：一是生化科技，可能來自醫學、藥學或傳統農業的根本性革命。二是再一次的通訊革命，第三代手機集影音通訊功能於一體，而尚未出現的第四代手機將取代絕大部份電腦功能。三是傳統產業的微巨化，現在所談的奈米科技或太陽能科技就是其中耳熟能詳的尖端科技。

當然，不能排除另外一種可能並非股票本身的特性，而是外在環境的根本改變，也有可能造就整體股票市場的根本性改變，這種改變主要來自政治面或國際面的大變動。但非本書所及，故不詳述。

我們相信，當未來十年的主流股：天字級股票出現時，台股才會有像樣的大多頭。而且以上所談的未來主流股將不像是過去那麼明確是歸爲哪一個產業股了，這就是踏入二十一世紀後選股功夫上最大的差別！

二、尋找台灣股市之新天龍

龍字級股票本上適合中長期投資，但需注意區間操作。天龍地位最高，長伴天神之側；海龍次之，獨領一方榮耀；地龍、火龍再次之。

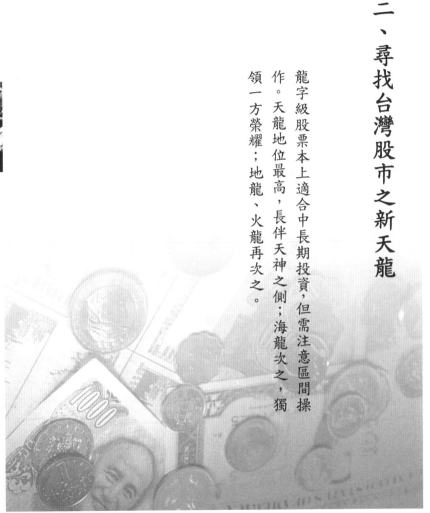

《周易》：天地間，萬事萬物動極靜、靜極必動、物極必反、盛極則衰

持續上一個單元，我們談一談台灣股市天龍八部中之「龍」字輩股票。「龍」是指龍神，對德行崇高的人尊稱爲「龍象」。但龍與天不同，凡人常待龍爲天或以之代天，而作過度崇敬。龍有大小，天龍地位最高，長伴天神之側；海龍次之，獨領一方榮耀；地龍、火龍再次之。人常愚昧，將大蛇待爲龍，反被蛇傷。

每當臺灣面臨產業轉型期（如民國八零年代初期由傳統產業爲主軸的產業結構，轉型爲以高科技電子股爲主軸的產業結構與現在轉型爲知識經濟時代），獨霸一方之產業龍頭股，享有市場豐厚利潤者。在舊天神已落凡間，新天神未上任之際，群神無首下，天龍暫代之，八零年代初期爲傳統產業龍頭股，以及爲臺灣打下與高科技電子股灘頭堡的個人電腦廠商。「龍」類股票基本上適合中長期投資，但需注意區間操作。

天龍地位僅次於天，有機會更上一層、雄霸一世。代表股如非電子股中，七十年代的台塑、中鋼、目前的大型金控集團（如國泰金控、富邦金控、中信銀等…）。電子股如世界級的準系統廠（如鴻海集團），以及光電元件產業（如大立光電、亞洲化學光電）。

海龍雄霸一方，有自己的一片天，如非電子股中的中概股（如統一、正新）、通路（如統一超）；電子股中的通訊系統廠（如明碁、國碁）、液晶面板廠（如奇美電、友達）；再如通訊服務業者之電訊三雄的中華電信、台灣大哥大與遠傳電訊。

地龍雖不如前二者有美好前景，但地位穩固。如非電子股中的塑化原料股（如台塑集團）；電子股中的膝上型電腦（如廣達、華碩、仁寶等，生命週期已近尾聲）主機板股（如技嘉、微星、陞技）。

火龍具一定的市場地位，但生命週期較為短暫，只適合較小區間操作。如非電子股中的鋼鐵、原物料；電子股中的IC設計（如聯發科、矽統、瑞軒）、軟體（如智冠、第三波、橘子遊戲）、網路元件（如友訊、智邦、台達電）、遊戲機週邊元件（如正崴）。

「龍」級股票適合投資，但對於天龍、地龍、海龍與火龍，我們必須區分清楚，依其不同的特性，假以不同的投資策略。茲整理如下：

■ 天龍

1．特性：地位僅次於天，有機會更上一層、雄霸一世。

2．操作策略：適合中長期投資。

3．實例：非電子股如金控集團；電子股如世界級的準系統廠以及光電元件產業。

■ 海龍

1．特性：雄霸一方，擁有自己的一片天。

2．操作策略：適合中長期投資。

3．實例：如非電子股中的中概股、通路股；電子股中的通訊服務與系統廠、液晶面板廠。

■ 地龍

1．特性：一方霸主，地位穩固。

2．操作策略：適合中長期投資。

3．實例：如非電子股中的塑化原料、電子股中的膝上型電腦、主機板股。

■火龍

1．特性：具一定的市場地位，但生命週期較爲短暫。

2．操作策略：適合較小區間操作。

3．實例：如非電子股中的證券；電子股中的IC設計、軟體、網路元件、遊戲機週邊元件。

三、靜如處子、動如兔脫-淺談台灣股市之母夜叉

「夜叉」級股票泛指依題材發酵，可作區間操作的股票。夜叉有三種：一、在地，二、在空虛，三、天夜叉。

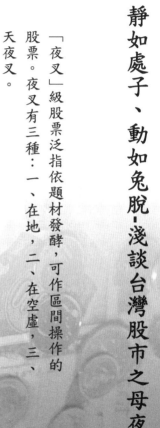

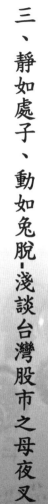

東漢鄭康成云：「變易者，言生生之道，變而相續。」

大家都聽過「母夜叉」，但一般人對它的印象大概都好不到哪兒去。今天就讓我們來尋找台灣股市的母夜叉。其實「夜叉」是佛經中的一種鬼神。其本義是能吃鬼的神，又有敏捷、勇健、輕盈、秘密等意思。

「維摩經」註，什曰：『夜叉有三種：一、在地，二、在空虛，三、天夜叉也。』

在股票市場中，「夜叉」類股票泛指依題材發酵，可作區間操作的股票。

天夜叉似乎有美好前景，但卻未有明顯的長線產業週期，如非電子股中之觀光休閒產業（如三通後之觀光飯店股、休閒愉樂之劍湖山、六福）；電子股中之消費性光電產業（如普利爾）、通訊元件與週邊（如和伸堂、華宇、合勤、友訊）。

在地夜叉目前仍有穩定收益，但受景氣與外部環境影響甚大。如非電子股中之醫藥（如中化、生達、永信）；電子股中之光碟機（如建興電、廣明）、連接器（如廣宇）。

在空虛夜叉如非電子股中之三通概念股(如海運股)、與生醫科技,電子股中之DRAM(華邦電、南科、茂德、茂矽等)、印刷電路板(如楠梓電、華通)。「在空虛夜叉」適合依題材(或景氣循環)發酵,作短區間操作。三種「夜叉」的特性與操作策略整理如下:

■ 天夜叉

1.特性:似乎有美好前景,但卻未有明顯的長線產業週期。

2.操作策略:依題材發酵,作區間操作。

3.實例:如非電子股中之觀光休閒產業;電子股中之消費性光電、通訊元件與週邊產業。

■ 地夜叉

1.特性:目前仍有穩定收益,但受景氣影響甚大。

2.操作策略:依題材發酵,作區間操作。

3.實例:如非電子股中之醫藥;電子股中之光碟機。

■ 在空虛夜叉

1．特性：具一定的市場價值，但生命週期較爲短暫。

2．操作策略：依題材（或景氣循環）發酵，作短區間操作。

3．實例：如非電子股中之三通概念股與生醫科技；電子股中之DRAM、印刷電路板。

四、不婆婆媽媽的股票：淺談台灣股市之乾達婆

「乾達婆」級股票市場地位未明、卻具想像空間，股性變幻莫測，頗難以正規的技術分析瞭解其走勢，或以基本分析瞭解未來的合理價位。

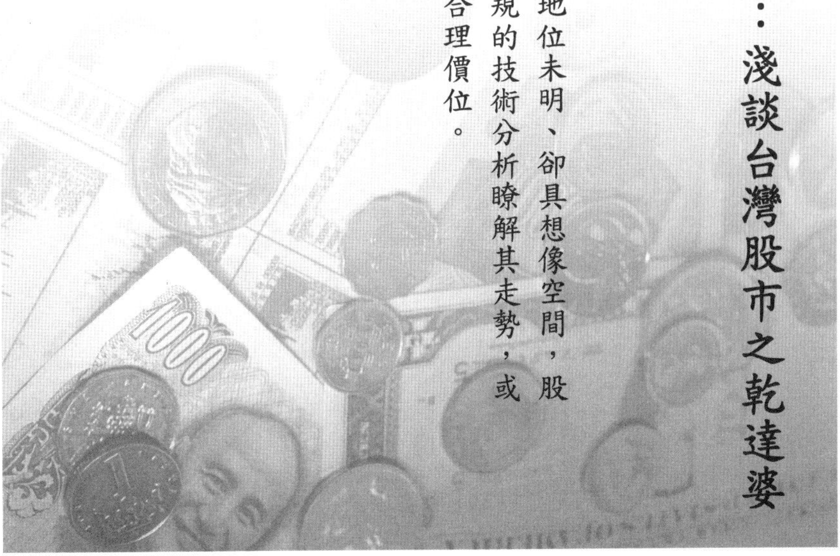

持續上一單元的話題，我們繼續來瞭解台灣股市中不同股性的股票。

在佛經中，「乾達婆」意指一種不吃酒肉、只尋香氣作爲滋養的的神祇，是服侍帝釋的樂神之一。香氣和音樂都是縹緲隱約，難以捉摸。「乾達婆」在梵語中原是「變幻莫測」的意思，引用在股票市場中，該類公司的市場地位未明、卻具想像空間，股性變幻莫測，頗難以正規的技術分析瞭解其走勢，或以基本分析瞭解未來的合理價位。

「乾達婆」類股票依題材發酵，須格外注意走勢。如在過去三年中非電子股中之轉機股（如味全之於頂益、黑松之於微風、遠紡之於遠傳、台泥之於和信與遠森科之於亞太寬頻）。電子股之IC設計（如聯發科、揚智、矽統）、轉機股（如浩騰）。然而當題材發酵完畢也就是股價回歸基本面之時。君不見數年前的精英尚在二百，而今卻不到二十。不久前聯發科與聯電分別入主的揚智、與矽統股價表現又如何？恐怕必須一段時間的休息才有可能回歸基本面了。

「乾達婆」的特性與操作策略整理如下：

1．特性：市場地位未明卻具想像空間，股性變幻莫測。

2．操作策略：依題材發酵，作區間操作。

3．實例：如非電子股中之轉機股、電子股之IC設計、轉機股。

中國有句古話說：危機便是轉機。在最黑暗的時代，常是孕釀時勢英雄之時。台灣股市未來的轉機股何在呢？有幾個方向可供考量：現在景氣回春，許多傳統產業趁此波景氣賺足了也順利轉型到下一波主流產業。例如許多建築業入主金融業或休閒產業便是相當好的題材。再如最傳統的窯製業現在引入奈米製程等皆是可供參考的投資方向。

五、扮龍非龍-淺談台灣股市之摩呼羅迦

「摩呼羅迦」級股票的外在聲勢超乎實值內涵，股價不如預期。投資人必須認清龍與大蟒的差別，勿將大蟒當真龍貢奉，只適合作短期區間操作。

在天龍八部中，「摩呼羅迦」指的是大蟒神，人身而蛇頭，身體像人卻面目可憎，它常扮龍卻非龍。民國八零年代初期，臺灣面臨產業轉型期：由傳統產業爲主軸的產業結構，轉型爲以高科技電子股爲主軸的產業結構。在舊天神已落凡間，新天神未上任之際，「摩呼羅迦」扮龍冒充之，許多股民卻將之視爲真龍，卻不知手中抱的市一隻大蟒。

「摩呼羅迦」只適合作短期區間操作。代表性股票如電子股之IC封裝與測試（如日月光、華泰）；非電子股之所謂的「資產股」（台火、南港、士電、台肥、農林、工礦等）。

對於前者，IC產業已經輪爲資訊電子股中的傳統產業了，而整體的利潤由上游往下游遞減，以目前現況而言，大概只有IC設計偶有超額利潤，其餘皆在正常利潤上掙扎，比產能、比價格，一不小心便有敗亡的可能。即使台積電在跨入二十一世紀後營收屢創歷年新高，股價卻一路滑落，讓教父張忠謀必須出來信心喊話。爲什麼？一味以拼產能的效應下恐怕堆高存貨而下殺利潤罷了。

再談談資產股，土地資產對中國人而言就是千古的財產的代名詞，所謂「有土斯有財」。有了資產便代表著財富的保障，但讓我們思考一下，當近十年來，台商夾帶人才前往大陸發展、當台灣的新生家庭不再生育二個以上的小孩，加上知識經濟時代的財富不是來自資產而是來自知識時，土地資產在未來面臨的是一個供過於求的窘況。近年來房地產似乎回春了，有人說這是春天第一隻的燕子，三手倒認爲有可能是落單很久的孤燕。君不見今年的房地產推案是 1990 年後的最高量，但價格除台北外卻遠比 1990 年前還低很多。爲什麼？據深知該產業的人士分析，這是台灣建築業最後一次賺錢的機會了。

摩呼羅迦類公司的外在聲勢超乎實值內涵，股價不如預期，投資人必須認清龍與大蟒的差別，勿將大蟒當真龍貢奉。茲將「摩呼羅迦」的特性與操作策略整理如下：

■ 摩呼羅迦

1．特性：扮龍卻非龍，市場前景不佳，外在聲勢超乎實值內涵。

2．操作策略：只適合作短期區間操作。

3．實例：電子股之IC封裝與測試既周邊廠商、非電子股之「資產股」。

六、似鳳非凰-淺談台灣股市之迦樓羅

「迦樓羅」級股票指的是該類公司具一時的炒作空間，營收與股價大起大落者。此類股票具備短期爆發力，適合作短期區間操作。

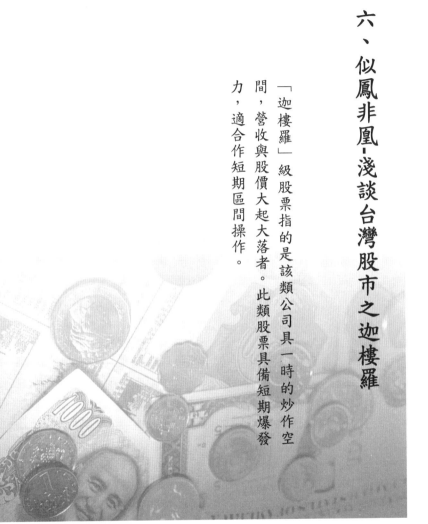

在天龍八部中，「迦樓羅」指的是一種大鳥，翅膀上有種種莊嚴寶色，頭上卻帶一個大瘤，稱爲如意珠，迦樓羅就是大鵬金翅鳥。因爲牠一生以惡龍（大毒蛇）爲食物，體內積蓄毒氣極多，臨死時毒發自焚，生命週期短暫。若引用到台灣股市中，「迦樓羅」指的是具備短期爆發力，適合作短期區間操作的股票。代表性股票如非電子股之運輸股（如華航、立榮、榮運、大榮等）；電子股之被動原件（如華新科、禾伸堂、國巨）與CDR、CDRW（如錸德、精碟、利碟）等。該類公司具一時的炒作空間，營收與股價大起大落者。

以光碟產業產業而言，它們屬於消費性電子股，當消費性視聽儲存設備由傳統的錄影帶進入光碟世代，首波進入此一產業的企業當然是走在時代尖端，然而在該產業沒有極高的進入障礙時，許多良莠不齊的廠商搶進場，整個產業的利潤馬上鉅降，投資人還記得一片數十元的CD片，而今一片卻只有二塊錢嗎？再以被動原件爲例，當手機成爲新時代的通訊方式時，手機中重要的被動原件成爲早期高利潤的週邊產業。投資人可以回顧當手機

從最早的少數幾個品牌到現在百家爭鳴，而價格卻與功能成反比。當手機沒有利潤，手機內的零組件利潤又何在？

再談到運輸股，不管是天上飛的、海上航行的、還是地上跑的運輸類股，近幾年在競爭者與日巨增，成本（主要是燃油、人工與設備）與日巨升的狀況下，利潤急速被壓縮。新商機如三通卻遙遙無期下，業者皆是苦哈哈的往下撐。如果知道了產業是否有遠景，便知道值不值得投資了。

資將「迦樓羅」類股的特性與操作策略整理如下：

■ 迦樓羅

1．特性：具一時的炒作空間，生命週期短暫，但具備短期爆發力。

2．操作策略：依題材發酵，只適合作短期區間操作。

3．實例：非電子股之運輸股；電子股之被動原件與光碟片股票等。

七、似人非人、命運乖舛-淺談台灣股市之緊那羅

「緊那羅」級的股票泛指許多黃金時代已過，只能在云云眾生中爭取微薄小利者。該類公司產業時代已過，勉強生存但股價乖舛，不適合作為主要持股的標的。

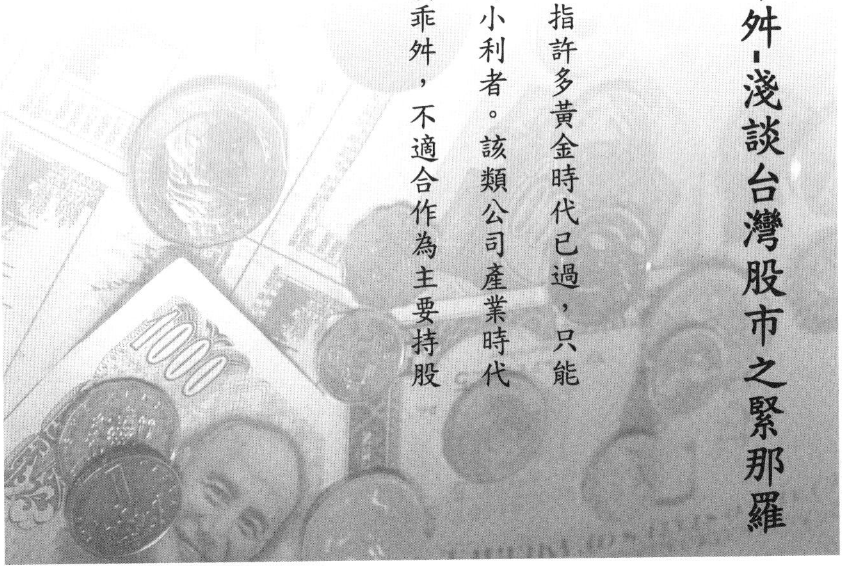

在天龍八部中，「緊那羅」在梵語中爲「人非人」之意。他形狀和人相似，但頭上生一隻角，所以稱爲「人非人」，緊那羅善於歌舞，只配當帝釋的樂神，然而似人非人、命運乖舛。

在台灣股市中，緊那羅眾多如繁星，不適合作多。如非電子股之傳統食品（聯華食、大城長城等）、觀光百貨（如華園、遠百等）、機電（如聲寶、中興機等）、與造紙（如華紙、永豐餘）等內需股；電子股之獲利不佳之小型電子股（藍天、倫飛）、數據機（如亞旭）。該類公司產業時代已過，勉強生存但股價乖舛，不適合作爲主要持股的標的。

「緊那羅」類股票的特性與操作策略整理如下：

■ 緊那羅

1．特性：產業時代已過，命運乖舛，眾多如繁星。

2．操作策略：不適合作多。

3．實例：如非電子股之傳統食品、觀光百貨、機電與造紙等內需股；電子股之獲利不佳之小型電子股。

八、性情暴躁、天翻地覆！淺談台灣股市之阿修羅

「阿修羅級」股票的產業時代已過、利潤不佳，公司營運在爭取微末小利，而股價卻偶因主力炒作走勢多變。該類股票不宜作多，持有者應待機出脫。

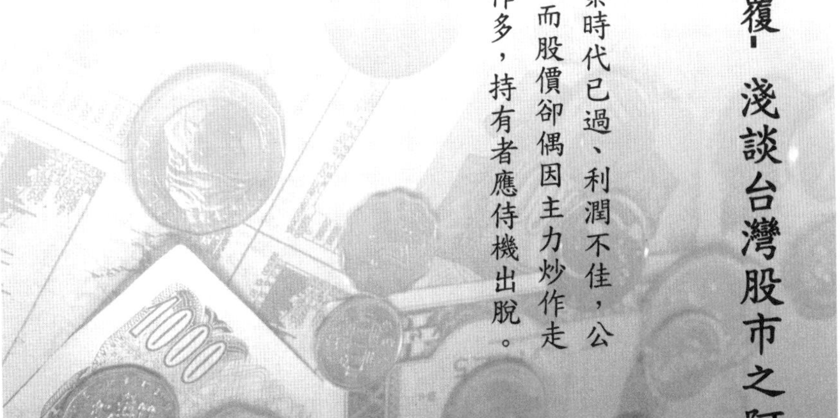

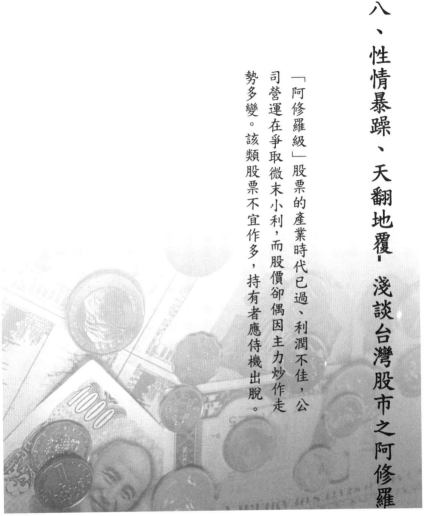

在天龍八部中，「阿修羅」這種神道非常特別，男性極爲醜陋，而女性極奇美麗。因爲阿修羅王有美女而無美食，帝釋有美食而無美女，阿修羅王便常常率部和帝釋戰鬥，互相妒忌搶奪，每有惡戰，總是鬧得天翻地覆。我們常稱慘遭轟炸、屍橫遍地的大戰場爲「修羅場」。阿修羅王性情暴躁、拗執而善妒；然而阿修羅王權力很大、能力很大，但疑心病卻很重，就是愛搞「老子不信邪」、「天下大亂，越亂越好」的事。

在台灣股市中阿修羅類公司產業時代已過、利潤不佳，公司營運在爭取微末小利，而股價卻偶因主力炒作走勢多變。如非電子股之傳統化學（如李長榮、榮化等）、紡織（如中紡、華隆、新燕、大魯閣等）與傳統金融機構（如高企、東企、中興銀等）以及一些借殼上市失敗者（如國揚、聚亨等）。電子股之小品牌個人電腦（如誠洲）與週邊產業、磁片股（如佳錄、亞瑟）等。「阿修羅」類股票不宜作多，持有者應伺機出脫。

■ 阿修羅

1．特性：該類公司產業時代已過，卻因主力炒作而股價走勢多變。

2．操作策略：不適合作多。

3．實例：如非電子股之傳統化學、紡織與傳統金融機構以及一些借殼上市失拜者；電子股之小品牌個人電腦、磁片股，如佳錄、亞瑟等。

第參篇　股市解碼之降龍十八掌

面對消息面與政治面左右行情的台灣股市，基本面與技術面分析到底管不管用？散戶投資人常恨「學了很多步數，要用嘛甭半步」。如果你什麼都要學就什麼都學不像。武當、少林、峨嵋，哪一派工夫才適合你？其實學功夫最忌諱亂學一通，打好基礎、從一而終才能發揮實力。台灣股市相對於其它國家股市有其獨特性，要在其中獲利先要瞭解其中的脈動以便立於不敗之地，其次要打穩馬步才能臨陣不亂，吾道一以貫之才能從容獲利。

本篇共計十八篇，作者以其長達二十年的實戰經驗搭配學理基礎，將在股市投資的基本功夫化爲顯而易懂的文章，讓您在少許字行間便能領悟戰勝複雜股市的簡單招式。

一、降龍十八掌之飛龍在天

乾卦九五：飛龍在天，大人造也

挑到好的股票就像是一堆砂石中選中真鑽石般可貴，根本就不需要短線操作。掌握產業脈動的規律性才能得知主流股何在？但亦沒有永遠的主流股。

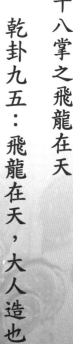

台股的行情常在政治面、消息面或國際股市影響下陷入膠著狀態。讓我們輕鬆一下，談一談長線格局的挑股工夫。

你都買什麼股票呢？是花錢聽股市分析師報乎你知？還是從每天報章雜誌上去萬中選一？抑或是道聽途說呢？你投資股票是看長線還是短線操作呢？**其實挑到好的股票就像是一堆砂石中選中真鑽石般可貴，根本就不需要短線操作**。舉個例子來說，如果你在台積電或鴻海上市後都不賣股票，一路堅持到底，你現在的獲利率超過十倍；相反的如果你在 1990 年高點時買進國壽或三商銀，相信你寧可忘了它的存在。爲什麼？套牢到沒感覺的嘛。

真正的「投資」股票是以長遠的眼光投資它的未來，而不是看它每一個月的產能利用率、每股 EPS 的變化等訊息；也不須要去關心它的技術指標是否告訴你可以逢低買進、逢高賣出。那你會反問：台灣真的存在「買了就不用管它」的股票嗎？三丰告訴你：當然有。

第一件事，也是最重要的一件事是：你必須瞭解台灣的的產業脈動。每一個國家都有它產業脈動的規律性。如果你是五年級或更資深的投資人，你大抵上經歷了台灣經濟發展的重要時期。最近大家看到房地產業與金融業開始大漲，有朋友問三丰說：金融業、建築業的景氣來了嗎？不是，這只是反彈！

民國六十年代是台灣輕工業最發達的時候，舉凡食、衣相關產業都有不錯的獲利，但是真正到了七十年代大家才有閒錢做投資。所以七十年代前半段漲什麼股票？食品股、紡織股、塑化股、造紙股。年輕一點的投資人很難想像當時的紡織股幾乎都在百元以上。衣食足而講求什麼？住與行阿！所以七十年代後期營建股起來了，由於金錢遊戲啓動、游資泛濫，金融機構成爲金錢遊戲下穩賺不賠的行業。金融股在七十年代末期呼風喚雨、不可一世呀！還記得超過一千九百元的國壽和超過千元的三商銀嗎？

但這些畢竟都是泡沫現象（bubble），當大家夢醒了，發現高處不勝寒時，股價就崩跌了。1994 年前台灣沒有主流股，資產股出來作「串場的工作」，記得：

串場的丑角永遠不可能是主角

1994 年台積電的上市帶動了台灣高科技電子股的黃金十年。所以這十年來大家討論的無非是似懂非懂的高科技電子專業術語、哪家公司 EPS 是多少，也曾經許多人追逐「三高電子股」。但是…：高科技電子股的黃金十年已經過了，你會發現高獲利、高配息的電子股成爲稀少品了。對阿，不要再去緬懷過去了。因爲：

沒有永遠的主角

你可看過不老的詹姆士龐德？你看十年前電視劇中扮演女主角的人現在不都在演「女主角的媽媽」嗎？

台灣的的產業脈動十年是一個大周期，就像許多人喜歡算紫微斗數，不是十年一個大

限一樣嗎?所以三丰提醒大家:

1.沒有永遠的主角，不管你去拉皮也好、吃補也好，就是沒有永遠的主角。七十年代的主流股是傳統產業與金融、營建業。八十年代的主流股則是高科技電子股。所以囉，最近的金融、營建業起漲應視爲長線的跌深反彈。金融股可以走四年左右的多頭、營建股則沒那麼樂觀。相同的道理，台積電早在三年前就已經不是「龍頭股」了。

2.那，投資人會問九十年代台灣產業的主流何在?其實在全球化激蕩下，各國的主流股已經差距不大了。三丰認爲可能有三:一是生化科技，可能來自醫學、藥學或傳統農業的革命。二是再一次的通訊革命，許多電訊業者都在強調第三代手機，其實都不是，第四代手機將取代絕大部份電腦功能。三是傳統產業的微巨化，現在所談的奈米科技或太陽能就是其中耳熟能詳的尖端科技。

3．當未來十年的主流股出現時，台股才會有像樣的大多頭，而且以上所談的未來主流股將不像是過去那麼明確是歸爲哪一個產業股了。等待英雄吧！但不保證它會出現喔。台灣人都要拼一拼啦。

4．你現在所看到檯面上活蹦亂跳的股票其實都是「丑角」，所以千萬不要太認真把他當主角喔。最後提醒您一件事，知名外資所喊的行情通常都不會來，所以當哪位企業家預估台股會衝到××點或哪一支股票會漲到××元時，記得事後要檢驗看看。

二、降龍十八掌之亢龍有悔

乾卦上九：亢龍有悔，盈不可久

散戶為貪、瞋、癡所苦。貪價差、貪高獲利；帶著情緒進出股市；固執己見、見壞不願意收，這些都造成股市中失血的主因。要在股票市場中獲利就必須先做到「賺賠不驚」、「止善如水」。

佛家云：人生的苦痛主要有三，貪、瞋、癡。股票市場也是相同的，散戶就是股票世界裡的普羅大眾，同樣爲貪、瞋、癡所苦。

人都有貪念，譬如說當你認定台積電的未來半年的走勢將從 60 元漲到 90 元，目前的市價是 62 元。我認識許多投資朋友在買進的時候會滿計較五毛一塊錢，到底是 62 元買進或 61.5 元買進？其實如果上漲空間有 30 元，你又何必計較那五毛一塊錢呢？相同的道理，當行情如預期往上漲的時候，貪念就出現了，許多人會撐到最後近 90 元的目標價才賣（尤其是當報章雜誌或投顧發佈消息更加強你的印象）。其實你都賺飽了 20 幾元了，何必在乎最後的二、三元呢？

【老子道德經】曰：「損之而益；益之而損。吃小虧目的在於大獲利，爲了貪小便宜可能後悔莫及。」

什麼是瞋呢？瞋就是生氣、帶著情緒投資股票。散戶投資人常會有的經驗是：買進的股票不會漲，眼睜睜的看著別人賺，感嘆賺了指數、賠了價差；另外賣出的股票不但不會跌還常上漲，甚至被軋空。碰到這種狀況時散戶投資人最常見的反應是：「不甘心」。三手提醒您，**只要你心中出現三個字：「不甘心」或「不甘願」的時候，請您退出股市，帶著情緒投資股票市場的人不可能賺到錢。**

什麼是癡呢？癡就是執著、因爲執著，所以認定買進的股票一定會漲、賣出的股票一定會跌，當買進的股票不會漲、賣出的股票不會跌時還會很堅持自己的看法不會錯。一直到了買進的股票被套牢、賣出的股票被軋空時才說服自己放棄原先的想法；當你把套牢的股票忍痛殺出、被軋空的股票斷頭時剛好賣在最低點、買最高點。

散戶總在「貪」、「瞋」、「癡」中打滾，永遠陷在苦痛深淵之中無法自拔。所以，如何在股票市場中獲利呢？

【老子道德經】曰：「寵辱不驚，乃真賢士。」

要在股票市場中獲利就必須先做到「賺賠不驚」、「止善如水」，才能從容自在、獲利自來。

三、降龍十八掌之鴻漸於陸

漸卦九三：鴻漸于陸，夫征不復

沙漏式操作法不帶感情，以正三角型往下逐步承接、以倒三角型往上逐步出脫股票，不但可以降低風險與投資成本，亦可擴大報酬率。

前文曾經提過，股票市場中有二種人可以獲利，其中一種人就是依照某種模式操作，不帶任何感情入場者。其實最實用的方法就是「機械式操作法」。今天三手簡單的介紹其中之一「**沙漏式操作法**」。

所謂「沙漏式操作法」不脫「逢低買進、逢高賣出」的基本原則。我們把沙漏分成二個三角型，下面是一個正三角型；上面則是一個倒三角型。要執行沙漏式操作法首先要找出來個股的高低點區間，高點作爲沙漏的上沿，低點作爲沙漏的下沿。

當定出沙漏的上下沿後就可以開始進行操作，你可以作大波段的操作，也可以作小波段的操作。我們就從小波段的操作進行說明，舉個簡單的例子。假設目前的行情陷入膠著之中，台積電預期短線在60-64元之間遊走。我們首先取中價62元，那麼60-62元之間就是買進區間，而62-64元之間就是賣出區間。當台積電股價低於62元時開始作買進的動作，依次在61.5元買進一張、60.5元買進2張、60元買進3張，平均成本是

(3*60+2*60.5+1*61.5)/6=60.42 元，當台積電股價高於 62 元時開始作賣出的動作，依次在 62.5 元賣出一張、63.5 元賣出 2 張、64 元賣出 3 張，平均賣出價格是(3*64+2*63.5+1*62.5)/6=63.58 元。短時間內你就可以獲利 6*(63.58-60.42)=19，獲利率達 5.2%。

【老子道德】經曰：「以賤為本，以下為基。」

股價下跌其實不必擔憂，它隱含的便是你可以用更便宜的成本買進股票進而獲利。

如果是在大波段時穫利空間更大。假設大多頭行情即將啓動，台積電預期中長線在會從 60 元漲到 90 元。這個時後不須要取中價，而是取高低點的區間。譬如我們把高點區間設在 85-90 元，低點區間設在 60-65 元。在行情啓動時，我們以正三角型方式買進台積電，依次在 60 元買進 3 張、62 元買進 2 張、65 元買進一張，平均成本是(3*60+2*62+1*65)/6=61.5 元；當台積電股價高於 85 元時開始以倒三角型的方式作賣出的動作，依次在 85 元賣出一張、88 元賣出 2 張、90 元賣出 3 張，平均賣出價格是(3*90+2*88+1*85)/6=88.5 元。從此一

波段操作中你就可以輕鬆獲利 6*(88.5-61.5)=162，獲利率高達 44%。

投資人可能會問，爲什麼要用三角型方式作買進賣出動作？因爲天下沒有百分之百確定的事，「沙漏式操作法」的精神在於把風險有效降低後求報酬極大化。如果你要更保守操作的話，你也可以在 80-85 元之間作賣出動作，獲利率亦高達 35.8%。

【易經】曰：「君子居則觀其象而玩其辭。」

股市千變萬化，沒有百分之百確定的走勢，進退之間如何確保獲利空間？就看你能否以穩定的策略在股市中從容不迫，達到漲也可以逢高獲利、跌也可以逢低布局的境地。投資人可以嚐試一下「沙漏式操作法」，但一定要叮嚀自己要能夠堅毅忍耐，不要因爲情緒起伏而半途而廢。

四、降龍十八掌之利涉大川

斷占詞：利涉大川，鴻福滿滿

找個股的波段、找指數的介入點是基本的投資心法。首先要看這一波漲的是什麼類股？類股中那一個產業又是起漲核心？空間在哪裡？再尋找指數的切入點。

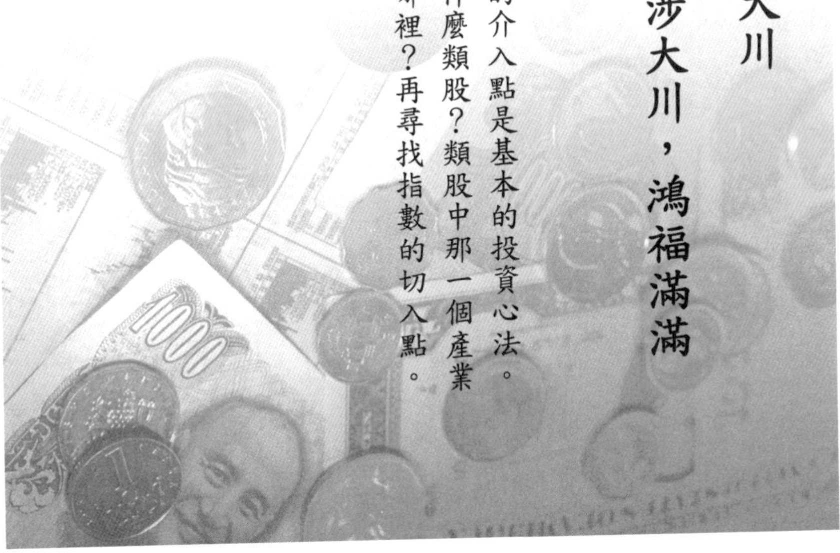

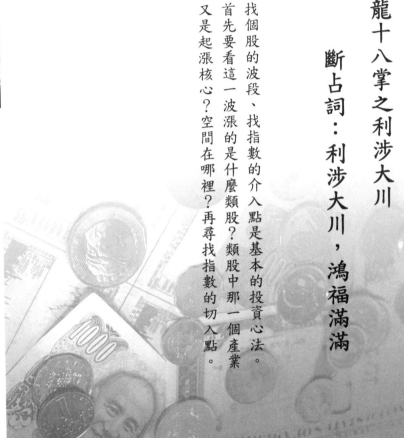

找個股的波段、尋指數的介入點

俗語說：一樣米養百樣人，因爲證券市場的投資人間存在異質性，才造成交易場內的多樣性與不確定性。到底證券投資人可以分成幾類呢？他們所運用的基本策略有何不同呢。

第一象限是喧嘩型投資，大多數散戶投資人皆屬於這種類型。他們以能掌握波段高低點和精選個股做爲投資手法。認爲精確的自我判斷或分析師的精媲建議，能使他們打敗市場。他們深信，自己能找出市場上被錯估價格的股票，也能準確預地測股價的波段高低點。但事實上，他們時常是被市場打敗的一群，卻仍一錯再錯，怪罪於運氣不佳或外在因素，並繼續痲醉自己、沉迷其中，這一類型的投資人個性與賭徒極爲相似。

第二象限爲傳統型投資人，大部分的證券服務業屬於這類型。許多投資專家從經驗中獲知自己無法準確地預測市場波動，卻又天真地認爲高學歷的MBA研究群和先進的電腦

資訊，可以幫助他們在股海中找到價值被低估股票的模式，深信只要聰明過人、夠努力工作，就能在競爭激烈的環境中脫穎而出。不幸地，他們一再嚐到夢醒心碎的滋味。

第三象限爲戰術型投資人，資產配置型基金屬於這一類。這一類型的投資人認爲，雖然個別股票股價被低估的情形不常見，但整體市場股價被低估的情形卻俯拾皆是。只要準確地掌握整體市場的谷底與高點，逢低買進、逢高賣出，就可以輕鬆獲利。這個觀念卻犯了基本的錯誤邏輯：整體市場是個股的加總，如果個股的股價沒有被低估，那麼大盤怎麼可能被低估呢?

第四象限爲資訊型投資人，40%的機構投資法人和所有的學術機構，大約屬於這一類型。他們運用科學方法，根據實際數據，研究出一套符合投資邏輯的數學模式或操作策略，擇善固執。但事實上，專家不盡然便是贏家。

一般的投資人較習慣買進投資而非放空股票，操作的方式則多以「波段操作」爲主，所謂的波段操作是「找指數的波段、找個股的介入點」，這也是多數股市分析師告訴你的基本操作精神。三手建議你若要真正從股市中賺到錢，你必須更正你的操作方法爲：

「找個股的波段、尋指數的介入點」。

指數是整個市場的綜合表現，近年來類股多數時候並不同步漲跌，常有投資人看對行情卻買錯股票，賺了指數卻賠了股價。以 2003 年初開始的這一波多頭行情來看，傳統產業漲相最佳，當鋼鐵股已經漲了二年後，營建股與金融股則自 2004 年初才真正起漲，而電子股則作區間盤整，個股表現差異極大。

如何「找個股的波段、找指數的介入點」？首先要看這一波漲的是什麼類股？類股中那一個產業又是起漲核心？空間在哪裡？再尋找指數的切入點。例如三手 2004 年時就指出本波多頭漲勢以「傳統產業爲先鋒、金控爲主帥、電子爲後軍」。傳統產業已經帶領了第一波的多頭走勢，2005 年的主升段期盼是金控所領導的金融股所主導，所以即使現在指數在六千點上下盤整，但類股輪漲的結果是指數上下震盪、類股活蹦亂跳卻不見主帥出征，那麼大盤向上的美夢可能就要落空。指數漲跌意義不大，掌握主流股的區間才是重點。

台股要有希望就要讓主角出場。

選股法 \ 波段法	是	否
是	喧嘩型 1 散戶 財經記者	傳統型 2 理財顧問 經紀人 大數共同基金
否	戰術型 3 資產配置基金 純波段操作者	智慧型 4 學者 40%機構法人

五、降龍十八掌之履霜冰至

坤卦初六：履霜堅冰至，陰始凝也

當股市步入空頭時，四守是最佳的指導原則：守身如玉、守口如瓶、守望相助、守株待兔。沒有永遠漲的股票，也沒有永遠跌的股票。如果能「買人之所以不敢買、賣人之所以不願意賣」，要在股市中獲取可觀的利潤並非難事。

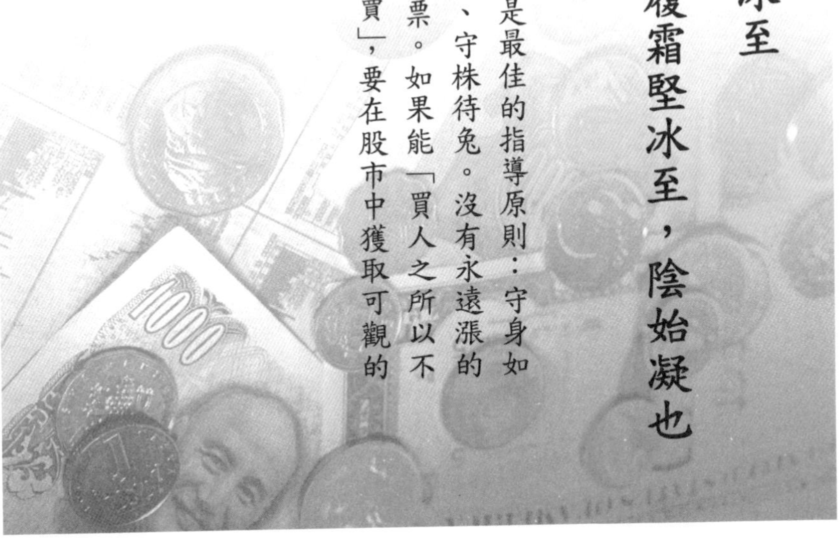

空頭時的操作方法

許多投資人每天進出股票，好像手中沒有股票感覺怪怪的。如果在多頭走勢時，天天玩股票是怎麼買怎麼賺；然而假若不分大行情如何，卻天天去玩股票的人很難賺到錢。

空頭常發生在大家都看好的時後，當報章雜誌上看到的都是利多消息，諸如：哪些高科技公司營收創歷史新高、政府又釋放哪些利多政策、經濟指標多麼看好、外資匯入款再創新高、……當這些利多消息不斷，股價卻不再往上動甚至於盤跌時，頭部便浮現了！

以上現象不就是最近的寫照？可惜的是多數人都是「後知後覺」，當股價往下破底時才驚覺股票市場正在空頭了。好，既然是承認空頭來臨了，如何在空頭走勢中操作？

其實，所謂的「空頭操作法」你可以有積極的作法，你也可以有消極的作法。積極的作法便是順勢放空股票或期貨指數，但並非每個人都有這樣的膽識。

我們先談一談消極的作法：一動不如一靜。世界上任何一件事情，一動就有好有壞。古代的智者告訴我們，任何一動，壞的就佔了四分之三；好的只有四分之一。

【易經】曰：「**是故，吉凶者，失得之象也；悔吝者，憂虞之象也；變化者，進退之象也……**」。

當股市步入空頭時，「一動不如一靜」是最佳的指導原則：暫時退離股市、出去郊外走走、看看書培養氣質。另外，三手引用在大陸的許多台商包二奶常用的「四項口訣」，供您在空頭時投資策略之參考。

當你面對大空頭走勢時，記得四個「守」字訣：

1．**守身如玉**：空頭時最重要的一件事便是「保持實力」，也就是說當空頭來臨時全面退出、保守現金與下一波賺錢的實力。即使是賠錢也要忍痛殺出而不要陷入套牢的痛苦深淵。

2．**守口如瓶**：當你成功暫時退出股市後，第二件要做的事情便是在市場真正落底前不再談論股票。唯有不再談論股票才不會動念想再進場。許多人退出股市後不久又進場買股票，主要是因爲和朋友談論後有忍耐不住、下場小試，一試就套、套了想攤平、套得更嚴重。

3．**守望相助**：散戶是最好的「市場反指標」，所謂守望相助不是和朋友協同一起買股票，而是靜觀其變。如果周遭的親朋好友多數認爲可以買進試試，那就表示股價尚未落底。假如周遭的親朋好友多數認爲跌得那麼嚴重、不能買，那就表示股價離底部已經不遠了。

4．**守株待兔**：當確認股價離底部已經不遠了，重要的是準備好現金與賺錢的心情進場。至於如何挑股後續單元「震驚百里」再詳談。

沒有永遠漲的股票，也沒有永遠跌的股票。如果您能「**買人之所以不敢買、賣人之所以不願意賣**」，你要在股市中獲取可觀的利潤並非難事。如果你能熟記以上四守口訣並認真執行，至少你能立於不拜之地。

六、降龍十八掌之損則有孚

損卦彖辭：損則有孚，利有攸往

當空頭來臨首重保留實力，有捨才有得，保留實力才有下一波賺錢的機會。並嚴守低買高賣原則才能逐步降低持股成本，千萬不能只管買進而沒有賣出，反而套的更多。

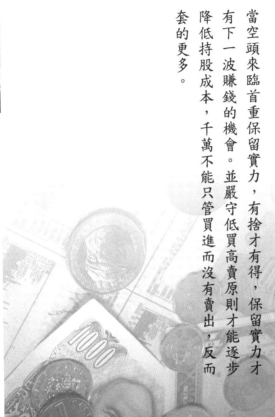

散戶如何正確在套牢時操作

相信許多朋友曾經有面對過股市因爲意料外的利空消息讓台股無預期的下殺，甚至於上演多殺多的戲碼，必定讓許多散戶朋友心中掙扎悔恨，苦痛莫名。其實據我的觀察，股市中多數人都有賺錢的機會，但多數卻落到賠錢的境地。爲什麼呢？因爲多數人懂得買卻不懂得賣。

【易經】曰：「是故君子所居而安者，易之序也；所樂而玩者，卦之辭也。」

人生在世，誰滿足了？誰心安了？這恐怕是不可能的。真安心不必要求什麼，已經滿足了。所以隨遇而安、順其自然，行情給我們什麼，我們便隨之調整心態，泰然處之，則獲利便是自然。

事後再討論大盤爲什麼下跌其時毫無用處，重要的是你如果套牢了，手中持股要如何是好？首先要確定的是你手中的持股是自己的資金還是融資而來。除非是市場高手，否則三手強烈建議你不要以融資方式來購買股票，投資股票一定要用閒錢，所謂閒錢就是即使套牢了也不會影響到生活作息與心情者。

當空頭來臨應該保留實力（請參酌「履霜冰至」單元所談的「守身如玉」）。假如你的持股來自於自有資金，你要反敗爲勝必須先保留實力；假如你的持股來自融資買進股票，你更應該保留實力。股票天天都有機會賺到錢，但如果實力沒有保留下來一切就免談了。

舉個簡單的例子，假若在崩盤前台積電價格是63元，但你的持股成本是65元，你會因爲賠2元而捨不得賣（財務心理學上稱之爲「心理帳號」，請參見股市般若心經之（四）），崩盤後假設跌到55元，你在毫無現金準備下只能眼睜睜地等待解套，那種心裡折磨是相當痛苦的。好，假設你能以保留實力爲策略，賣在62元雖然虧3元，然而你在台積電跌到55元時買回，你會發現戶頭裡現金不但多了62-55=7元，而且同樣保有一張台積電股票。其實你台積電持股成本的成本已經減少到58元（65-7）了。即使要等待解套也會比

別人輕鬆如意多了。

假如你沒有做到上述的策略（記得下次要做到）時，接下來要如何操作呢？首先要問一個問題？有沒有多餘的現金可供利用？假如沒有的話就等待解套的份了。假如有的話，便可以利用這部份的現金反覆操作，高買低賣來逐漸降低持股成本了。通常再大的空頭走勢依然會有反彈的行情出現，但必須嚴守「低買高賣」原則，千萬不能只管買進而沒有賣出，反而套的更多。

三手再次叮嚀，要達到以上的作法當然最重要的是「保留實力」，而保留實力的三項原則如下：

1．不要融資買股票，除非你是常勝軍，否則你會陷入賭徒的心態中不能自拔。

2．堅守 3-3-3 原則，亦即不管行情再怎麼樂觀依然要保有三分之一的現金。天有不測風雲，崩盤總是發生在最樂觀的時候。

3．假若遭遇大空頭時一定要捨得賣出持股、保留實力，即使賠錢也在所不惜。有捨才有得，保留實力才有下一波賺錢的機會。

【莊子】說：「窮亦樂；通亦樂」

對外在的環境無法強求，只能順應。近來台灣有一部片叫「無米樂」充分描述一個樂天知命者的人生哲學，有米當樂，無米也有快樂的理由。如果我們能做到隨遇而安，那麼在股市中獲利也將會是順其自然而來的事情了。

七、降龍十八掌之密雨不雲

敘事辭：密雨不雲、人多不云

頭部什麼時候到；底部什麼時候出現？唯量是問：以頭部最大量除以五便是下一波底部量；以底部最低量乘以五便是下一波頭部量。

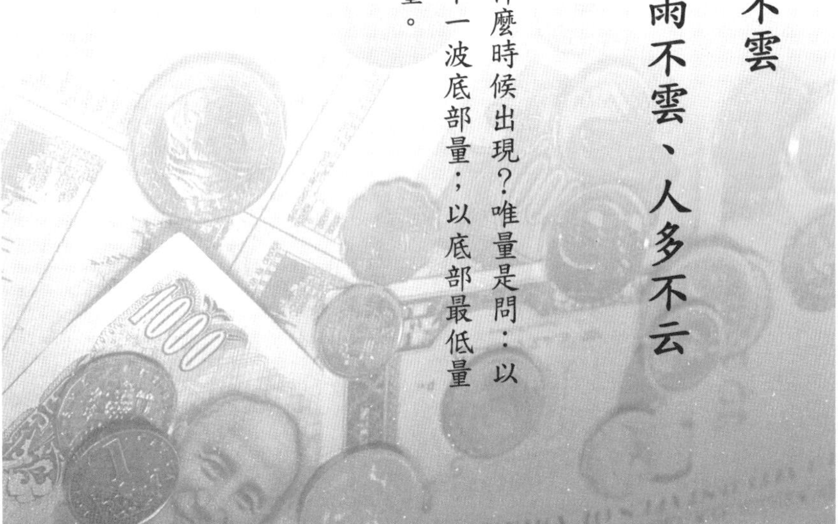

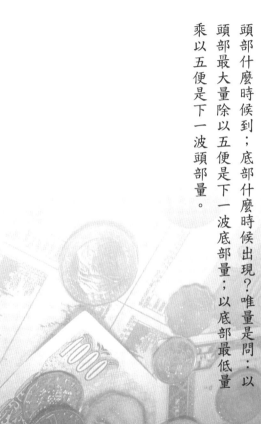

如何從量能認定股市的波段頭部與底部區

投資人常會有一個困惑：知道該買卻不知道什麼時候該賣；套牢時一路殺出卻不知道什麼時候是底部區，當底部區來臨時不但不應該賣而且應該勇敢買進。所有的技術分析指標大部份是以價格爲資料進行處理、計算，穫得可用的買賣資訊，少數則是以量能做爲指標，如 OBV 能量指標。三手教你一個方法，其實簡單的價量關係即可輕易判斷波段的高低點。

首先談一談低點底部量的計算，以 2003 年爲例，最高點發生在 2003 年 1 月 24 日（5141 點），最高量則發生在前一天 1 月 23 日的 1457.5 億。最大量與最高點未必同一天，假設最大量當天伴隨長黑，則當天必然是最高點，假若不是則最高點不遠了（通常發生在第二天或在三到五天內）。

在 5141 點後續的下殺波段中，最低量必須小於最高量除以 5：

1457.5 ÷ 5 = 291.5

2003 年 5 月 19 日的 238 億符合此一量能條件，而且不再創新低（收 4255.8 點），便是買點。雖然該波段最低點發生在 4 月 28 日的 4044 點，但當量能告訴你最低量來的時候才是最安全的買點。

再來談一談高點頭部量的計算。從低點 4044 點上來後，最大量應該超過最低量乘以 5：

238 × 5 = 1190

2003 年 11 月 16 日的 1386 億符合此一量能條件，當天大跌（-129），所以便是最高點（6182）。由於此一長多格局其實並未結束，回檔修正量應該是最高量除以 3 便已達到：

1386 ÷ 3 = 462

2003 年 12 月 29 日的 453 億符合此一量能條件，雖然該波段最低點發生在 12 月 17 日的 5718 點（當天大跌-135），但當量能告訴你最低量來的 5805 點才是安全的中期買點。

從中期底部 5805 點上來後，最大量應該超過最低量乘以 5：

453 × 5 = 2265

2004 年 3 月 1 日的 2344 億符合此一量能條件，但是當天大漲了 138 點，所以並非最高點。最高點發生在 3 月 5 日的 7135 點，收盤 6943 點大跌-90（當天也是爆出波段的最大量 2550 億）。

由於最高點已經發生，接下來便是尋找長線格局的底部區了。最低量必須小於最高量除以 5：

2550 ÷ 5 = 510

所以，等待少 510 億的底部量出現成爲再進場的指標。2004 年 7 月 26 日終於出現符合條件的375億，當天收盤5331雖不是波段最低，但離8月5日的5255點相距亦不到百點。

再來，尋找下一波段高點量能：

375 × 5 = 1875

所以，等待高於1875億的頭部量出現成爲再進場的指標。2006年5月5日終於出現符合條件的1909億，當天收盤7370雖不是波段最高，但離第二天5月6日的7474點相距約只有百點。

由於當年度全球股市大漲，屢創新高，因此此一長多格局其實並未結束，回檔修正量應該是最高量除以3便已達到，尋找下一波段低點量能：

1909 ÷ 3 = 636.33

所以，等待少636.33億的底部量出現成爲再進場的指標。2006年7月18日出現符合

條件的588億，當天收盤5285幾乎是波段最低。從中期底部5285點上來後，最大量應該超過最低量（8月28日的513億）乘以5：

513 × 5 ＝2565

所以，我們可以拭目以待，2006年後的全球大多頭格局將把台股帶向哪裡？什麼時候？點數如何？唯量是問了。

波段高/低點	時　間	高/低點數	收盤指數	成交量（億）
波段高點	2003/1/23		5079 (+86)	1457.5（H）
	2003/1/24	5141	5037（-24）	1272.8
波段低點	2003/4/28	4044	4139	486
	2003/5/19		4255.8(-28)	238（L）
波段高點	2003/11/16	6182	6013（-129）	1386（H）
波段低點	2003/12/17	5718	5752 (-135)	953
	2003/12/29		5805 (-52)	453（L）
波段高點	2004/3/1		6888 (+138)	2344
	2004/3/5	7135	6943 (-90)	2550（H）
波段低點	2004/7/26		5331 (-42)	375(L)
	2004/8/5	5255	5427 (+110)	736
波段高點	2006/5/5		7370 (+25.4)	1909(H)
	2006/5/6	7474	7474 (+103.6)	1572.8
波段低點	2006/7/18	6232	6258 (-170)	692.8
	2006/7/17		6285 (+27)	588(L)
波段高點	?	?	?	?

八、降龍十八掌之時乘六龍

乾卦彖辭：時乘六龍以御天

精明的投資人，應該掌握「3:3:3 原則」：1/3 投資在低風險資產，如債券、定期存單或低價龍頭股；1/3 投資在風險資產，如股性活潑的股票、認購權證、期貨；剩下的 1/3 作為備用資金，千萬不要買菜錢拿來買股票。

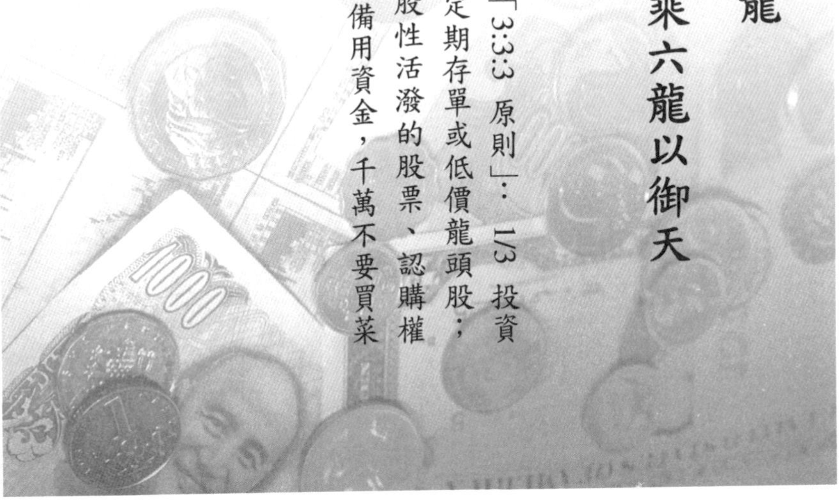

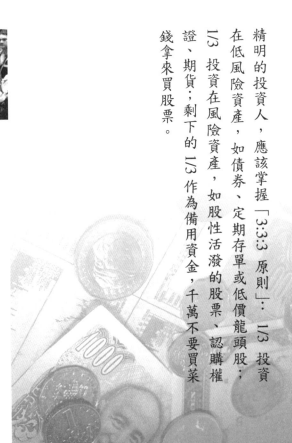

如何打造專屬於你自己的投資組合

證券市場與各別金融商品的價格起伏不定，投資人應該用長遠的眼光看中長期的行情。天天進出股市的投資人很難賺到錢，三手建議每季檢查投資組合的績效，並做必要調整即可，一方面有可以獲得操作投資的快樂感覺；一方面又可確保投資計劃能順利進行，達成理財目標。

（一）步驟1：訂定投資計畫書

投資人根據自已的理財目標、風險忍受程度擬訂初步的資產組合策略，並寫成投資計畫書。許多人賺錢的時候很快樂但無法忍受套牢賠錢的痛苦，假若你是這樣的人乾脆遠離股市。

(二) 步驟2：資金配置

擬定組合策略後付諸實行，假如你捨棄委託可信賴的基金公司或投資顧問執行，那你應該審視各種金融商品，選擇一種符合自己基本投資策略的資產組合，並長期以此爲架構持有。

(三) 步驟3：每季檢查

建議投資人每季定期檢查投資的績效，比對投資清單中的各項商品的損益情況。尤其對股票投資必須做到汰弱留強，一季一次不會陷入常換股的窘境，也不會留久留成愁。

(四) 步驟4：分析與調整

親自執行投資計畫的投資人，只須要比對季報表各金融商品的比重，與投資計畫書上的基本策略是否存在差異，並做必要調整即可。由於進行調整必須花費交易成本，因此建議資金少於一佰萬元的投資人，每季做一次調整即可。

另外進行投資計劃考慮幾個重要因素。基本上投資的期望報酬一定伴隨著風險，如何在兩者之間作一個適當的權衡(trade off)，可以考慮下列幾項因素：

(一) 提高報酬率

每一位投資人都希望運用最小風險，獲取最大報酬率。在兩組單期平均報酬率相同的組合中，波動程度較小的組合，複合報酬率與期末資產總值會比較高。投資組合的理念乃是運用分散投資標的的原則，降低組合的波動性，創造較高的報酬。此外，組合投資法屬於消極型操作方式，降低成本的操作策略：減少管理費和交易費用，可以加速資產增值的速度。

(二) 降低投資風險

投資必然蘊涵風險沒有考慮風險的投資組合不是一個好的組合。運用組合式投資法，可以有效掌控風險。依據各種金融商品的歷史數據，挑選出適合個人風險忍受程度的組合，即可控制投資風險。

減少組合中各商品報酬的相關性(共變數)是降低組合風險的有效方法。譬如，組合中A股票價格上漲，B股票價格下跌，C股票價格不變，三種不同的價格走勢，便可以減緩整體組合的報酬波動程度。

運用多角化理論，即使是保守型的投資組合，也可以把高報酬高風險的金融產品納入。譬如，新興國家股市的風險報酬一般都偏高，但是與其他金融商品的相關性極低，因此將它納入投資組合，並不會影響整體投資組合的整體風險。

(三) 達成理財目標

達成理財目標的第一步即做好規畫，按部就班執行。有許多投資人受誘於市場的喧嘩聲浪，做出錯誤的投資決策，最後慘遭損失。有些投資人更盲目追逐外資與投信基金買賣超作為進出依據，卻不明白外資的操盤策略與基金績效的不穩定特性，往往在盲目、失望

和沮喪中損失寶貴的金錢。

投資人應該避免來自於市場和媒體的誘惑，避免根據報紙理財版的新聞作選股(因爲它是舊聞而非新聞，所以通常是落後指標)。投資人應該按照既定計畫，避開這些誘惑，成爲理性而成功的投資人。

(四) 提供穩定財源

今日的投資是爲了在明日能有穩定財源。投資的目的，不只在於資產增值，還必須在有資金需求時，能提供可用財源，因此抽離與保持相當閒置資金有其必要性。從實際的角度來看，如果投資所賺得的資金不落袋爲安，永遠只是林中充滿快樂希望的小鳥，只能看卻無法擁有。

(五)保持資產流動性

精明的投資人，應該掌握「3:3:3 原則」：1/3 投資在低風險資產，如債券、定期存單或低價龍頭股；1/3 投資在風險資產，如股性活潑的股票、認購權證、期貨；剩下的 1/3 作爲備用資金，作緊急調度資金，通常隨時保留可供六個月調度現金部位，以應付急需，切記千萬不要買菜錢拿來買股票。

三手期待台灣股市中的投資人多一些理性少一些激情！

九、降龍十八掌之神龍擺尾

履卦九四：履虎之尾，愬愬終吉

在股市中賺錢的人不是懂得買股票的人，而是懂得賣股票的人。買人之所以不敢買；賣人之所以不願意賣才能獲利。

什麼時候應當見好就收，不要當最後一隻老鼠

看過小朋友堆積木嗎？玩股票如堆積木。籌碼穩定的股票像仔細堆砌而成的城堡，穩定而堅固。投機性高的股票像胡亂堆砌的股票，可能一不小心就會柱倒樓塌。

外資法人投資股票如精心堆砌積木般，主要有二項特色：一是積木分成二種：一是壓箱寶用的長期投資，不隨便出脫變現的，大家都知道外資對台積電的持股約五百萬張，其中過半都是屬於這一類的佈局。另外一些是波段來回操作，賺取價差或影響大盤指數之用的，每一次的進出量無法與前者相提並論，但相對於一般散戶而言已經是大額進出了。

一如前述，法人堆積木會以大塊的當基礎，所以穩固。越往上堆積時積木必然越小，越往高處堆時月不穩固。假若某支股票籌碼零亂，就像是以細小的積木堆砌城堡般，隱含了崩塌的危機。

投資人必須瞭解：**籌碼愈零亂愈危險、積木堆砌的愈高愈危險。**

你是鶴立雞群，還是雞立鶴群？當身旁的人，十之八九都說現在行情看漲、是很好的買點時，高點就不遠了，你就應該準備做逢高賣出減碼的動作。相反地，當身旁的人，十之八九都說現在行情很差、不是很好的買點時，其實低點就不遠了，你就應該準備做逢低買進的佈局動作。因爲股票是一國經濟的廚窗，漲跌領先景氣大約半年左右，投資股票不能看報紙來操作道理就是如此。

「月圓了，月就要虧了；日到中天，日就要西斜了！」什麼時候、什麼現象告訴我們必須避開高點、迴避追高風險？除了在「密雲不雨」單元中，藉由量能的變化可以判斷外，在股價便化上亦可窺之一二。

【易經】曰：「升而不已，必困」

得意總是危險的開始。假如是在明顯的大多頭格局，以大漲小回的方式向上攻堅時，最怕的是利多出盡後不漲，甚至於回檔、爆出大量。通常在報章雜誌上容易看得到此類消

息，這個時候通常是散戶最喜歡追高的時候。

但假設行情是以盤堅方式慢慢往上堆高時，突然的爆量大漲（俗稱噴出行情）、股市一片榮景時，便是主力拉高出貨的時候。三天之內不再創新高，則高點已見，必須提早退出爲宜。

袁克文勸其父袁世凱：「**劇憐高處多風雨，莫到瓊樓最上層**」。相同的道理，「當股市大漲時你心中浮現的第一個念頭是什麼？是要搶進什麼股票，還是落袋爲安呢？當股市大跌時你心中浮現的第一個念頭是什麼？是要殺出股票，還是逢低買進呢？你的態度決定了你的成敗！

十、降龍十八掌之龍戰於野

坤卦上六：龍戰於也，其血玄黃

對大盤而言，融資水位超過八成是警訊。對於個股而言，如果資券比在4倍以上時為多殺多的大空頭行情的來臨；相反地，融券使用率在二成以上就可能產生軋空行情。

散戶如何從融資券便化看股市行情

從上一單元「神龍擺尾」的陳述，投資人應該可以了解，股票價格如同堆積木般。籌碼穩定的股票像仔細堆砌而成的城堡，穩定而堅固。投機性高的股票像胡亂堆砌的股票，可能一不小心就會柱倒樓塌。

有投資人問說，爲什麼融資融券的餘額可以來預估股市的漲跌？爲什麼融資高的股票危險，而融資高的股票反而有上漲，甚至軋空的行情？融資多不是代表大家都看好嗎？爲什麼會崩跌？其實答案一如上述，由於我國證券交易法規定自然人才可以做信用交易，進行融資融券的買賣，換句話說，法人是不作融資券交易的。因此從融資券的餘額便可以觀查出散戶的多空心態。

雖說散戶可以發揮「螞蟻搬象」的能耐，但是那是假設這群散戶是團結如一群同窩螞蟻的，問題是買同一支股票的人基本上是互不認識的散戶，如何合作？（當然力量夠大的投顧會員另當別論）加上融資戶又多屬於小額投資人，亦即散戶中的散戶，因此依堆積木原理，融資餘額高的股票像胡亂堆砌的股票，可能一不小心就會柱倒樓塌。

相反的，會發生軋空行情的股票多屬於基本面較差的股票，當大家都知道某支股票因爲基本面不好，所以不但不作買進，還常作融券。直覺上這是對的，然而就是因爲消息是眾所周知的，散戶的投資動作是同時或是落後的，所謂的壞消息是舊聞而非新聞，是報導過去而非未來，然而股價卻是反應未來長線的基本面。所以當某一支股票有一堆散戶依據壞消息而卻放空的時候，通常就是軋空的時候。

【老子道德經】曰：「**重爲輕根；靜爲躁君。**」

以小窺大、以微知巨。如果你同意以上的說法，那你必須了解如何從融資券餘額或比率去觀看某支股票或大盤的可能走勢了。基本上以80-20爲操作原則。

對大盤而言，融資水位超過八成是警訊，如果加上資券比在4倍以上時（例如融資餘額在八成以上，融券餘額在二成以下）更爲確定多殺多的大空頭行情的來臨。相反的當融資普遍被斷頭時可能就是逢低買進的時機點。

對個股而言，以上80-20原則來觀查股價是否偏高依然有效，然而個股的資券變化可能更大。另外，大盤基本上沒有軋空行情，個股才有。通常融券使用率在二成以上就可能產生軋空行情，如果配何融資餘額在一成以下更加確定。散戶投資人不可不慎。

十一、降龍十八掌之羝羊簇藩

大狀上六：羝羊簇藩，不能退

在波段下跌中可能發生跳空缺口。一般而言最多出現三個缺口，依次我們稱之為「起始缺口」、「逃避缺口」與「竭盡缺口」，三跳空缺口個分別代表著「起跌的訊號」、「續跌的氣勢」與「不理性的最後殺出」。對大盤而言，「竭盡缺口」的出現代表跌幅已經滿足，也就是「守株待兔」的時機到了。

行情跌完了沒？

外在利空消息常是波段下跌的起始點。例如，在2004年總統大選後，歷經二次來自中國的重大衝擊：溫室效應與中國對台灣520總統大選的警告性談話，近三週台股以來已經重挫約1500點。記得在320前後，市場中還瀰漫在一波「景氣行情」中嗎？而今卻豬羊變色，許多人瘋狂殺出股票。

三手曾經問過各位一個簡單的問題：當股票大漲時你心裡在想什麼？是跟著買進熱門股還是準備出場？當股票大跌時你心裡又在想什麼？是跟著殺出持股還是準備進場佈局？如果你的答案是前者，你八成是一個輸家；但如果你的答案是後者，你八成是一個贏家。在股市中贏家與輸家都有他的特質，如果你的特質永遠是輸家無法更改，還是不要玩股票會比較好。以上不是在講風涼話。

好了，最近有許多人都陷入財富狂跌與套牢痛苦之中。到底股市會不會再跌？此時該不該殺出持股？投資人必須先有一個正確的觀念：「沒有永遠漲的股票，也沒有永遠跌的股票」。波浪大師艾略特在觀察波浪時悟出股市漲跌的基本道理：再大的波浪打上岸都還是會退回大海。相同的道理，正常的股票不會一直跌下去。三手曾經用量能的角度分析股市落底時間（密雨不雲），也告訴你守株待兔的道理（履霜冰至）。今天要告訴你從其它角度來觀看股市落底的現象。

大家都知道股價 **K** 線圖也都會看，所以也應該聽過什麼是「跳空缺口」。個股跳空不一定會補，但大盤跳空除了大波段的起漲與起跌的跳空缺口外一定會補。2000 年的最高 10393 點的往下的跳空缺口（4 月 12-13 日的 9909-9747）還沒補，也不一定會補。2001 年的最低 3411 點往上的跳空缺口（10 月 9-10 日的 3618-3716）還沒補，也不一定會補；除非有足以動搖國本的事件，不然不會補。其它的跳空缺口一定都會補完，往下的跳空缺

口以收紅 K 來補，往上的跳空缺口則以收黑 K 來補。

以 2004 年 5 月 17 日跳空 150 點開盤，最後收盤重挫近三百點爲例。如果以此波最高 6900 點大空頭的 K 線圖來觀察，你會發現一共出現了三個跳空缺口，第一個跳空缺口發生在 4 月 28-29 日的 6556-6516；第二個跳空缺口發生在 5 月 29-30 日的 6354-6343；而 5 月 16-17 日的跳空缺口 5777-5632 則是第三個。依次我們稱之爲「起始缺口」、「逃避缺口」與「竭盡缺口」，三跳空缺口個分別代表著「起跌的訊號」、「續跌的氣勢」與「不理性的最後殺出」。對大盤而言，「竭盡缺口」的出現代表跌幅已經滿足，也就是「守株待兔」的時機到了。

【易經】曰：「**否極泰來。**」

很重要的觀念是大多頭都會以大大的好消息結束漲勢、成頭起跌（利多出盡）；相反的，大空頭則會以大大的壞消息結束跌勢、落底起漲（利空出盡）。空頭期間怕的是出現好消息、不怕出現壞消息，最好來個大大的壞消息才會結束跌勢。三手這樣說明已經夠清楚了，你應該知道在空頭時什麼時候該進場佈局了吧？在大空頭的時候，「買人之所以不敢買」才能賺到錢喔！

十二、降龍十八掌之魚躍在淵

乾卦九四：或躍在淵、進无咎也

散戶在逐步墊高籌碼的過程中，常在信心滿滿時會作最後、最大量的加碼動作，這種情形最容易發生在末升段、當了最後一隻老鼠而不自覺。

眾人皆醉我獨醒，小心誘惑

在「漸鴻於陸」的單元中，三手介紹了沙漏式的操盤法，然而絕大多數的散戶的操作手法卻反其道而行，常陷入痛苦之中。

「沙漏式操盤法」的精義在於以正三角型方式作買進、以倒三角型方式作賣出持股的動作。然而一般的散戶操作手法如下：當行情起動時，散戶一般是不知覺、抱著懷疑的態度，當行情持續加溫後才說服自己「買買看」，通常都是少量買進「試試看」。如果第一次的少量買進證明沒錯會強化自我的信心，並以更大的資金作加碼的動作，往往已經是主升段的末期。當信心滿滿時會作最後、最大量的加碼動作，常會發生在末升段、當了最後一隻老鼠而不自覺。在心理學上，散戶投資人犯了所謂的「自我實現」謬誤。

「波飛太液心無往；雲起魔涯夢欲騰。」

如何在行情大好時忍住慾望、心靜無波，甚至於應該急流勇退、落袋爲安，是投資人必須修練的基本功夫。

以實際的數字舉例來說，假設台積電由60上升到70的過程中，「沙漏式操盤法」會在依次在60買進3張、62買進2張、65買進一張，平均成本是61.5，高於65時開始以倒三角型的方式作賣出的動作，依次在65賣出一張、68賣出2張、70賣出3張，平均賣出價格是68.5。此一波段操作中你就可以輕鬆獲利高達11.4%。

但是假設你以散戶心態進行操作，報酬將有很大的差異。例如台積電由60上升到70的過程中，依次在60買進1張、62買進2張、65買進3張，平均成本是63.2。高於65時開始以正三角型的方式作賣出的動作，依次在65賣出3張、68賣出2張、70賣出1張，平均賣出價格是66.8。此一波段操作中你只能獲利5.7%。明顯與上述的「沙漏式操盤法」獲利差距近半。如果行情判斷有誤的話，更有可能將微薄的利潤吞噬甚至於賠本。

爲了避免以上可能的錯誤投資觀念，建議投資人：

1．當你所設定的高低點基本上是正確的前題下，假設獲利空間仍然大有可爲，買進與賣出應以「能成交」爲考量，而非計較些微的價差。亦即值得追就該追。

2．當你所設定的高低點空間不大時，喪失成交與獲利機會後就勇敢放棄，不要追高。畢竟天天都有賺錢的機會，不缺這一次。

3．記得跌時採倒三角型操作法，跌得越深、買得越多，這需要相當大的勇氣。要賺錢必須忍受孤獨。至於如何判斷股價「底部區」？請期待後文「震驚百里」單元會向你介紹。

4．漲時不要樂昏了頭，要記得賺錢的股票不賣都不算真正賺到錢。漲時採正三角型操作法，漲得越多、賣得越多，要有「眾人皆醉我獨醒」的精神。至於如何判斷股價「高檔區」？後文「降龍十八掌之神龍擺尾」將向你訴說分明。

【易經】的「魚躍在淵」告訴我們或奮發躍起，或退而在淵。可進可退，能進則躍，不能進則退。

一切伺機而動，但非盲目衝動、浮躁亂動。當我們投資股票進退有據時，如同軍隊臨陣時有規律有計劃，成功的機會將遠超過失敗的可能。

十三、降龍十八掌之震驚百里

震卦篆辭：震驚百里，驚遠懼邇

台灣的股市基本上以十年為一個大周期，每個周期都有他的龍頭股。進入二十一世紀後，符合「知識經濟時代」特質的股票將伴演主流的角色。

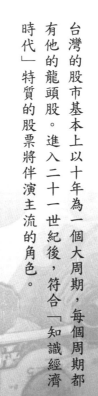

在「牴羊簇藩」單元中我們談到沒有永遠跌的股票，再大的空頭都還是有落底的時候。在「履霜冰至」單元中則告訴大家要保留實力以便「守株待兔」。好了，這個單元我們來談談待什麼兔？

台灣的股市基本上以十年爲一個大周期，每個周期都有他的主流（龍頭）股，也有他的二線股票。誰會扮演龍頭股的角色呢？和經濟的基本面有關。過去的民國八十年代（西元 1991-2000）基本上台灣以高科技類股爲主軸，所以主流類股以高科技電子股爲主，依次從最下游的 PC 業往最上遊的 IC 設計業輪動，在台股黃金十年中輪流扮演著主流角色。但是過時的英雄不會再是英雄！別指望台積電、華碩、威盛…再上百元。

進入二十一世紀，人類社會從服務業時代進入「知識經濟時代」。知識經濟時代的特色是什麼？簡單的講就是誰擁有知識（Knowledge）誰就擁抱財富。在知識經濟時代中，個人或企業如果沒有擁有無可取代的內涵將隨時沒有工作，企業則是敗亡。

知識經濟時代的另一個特色是人類財富的大幅度重分配、貧富差距以可怕的速度擴大。過去社會中的主體：中產階級將消失，取而代之的將是二種經濟階級：新富階級與新貧階級。此一現象就是日本管理大師大前研一所說的「M型社會」。在知識經濟時代中佔人口20%的新富階級將創造與擁有80%的財富，佔人口80%的新貧階級將創造與擁有剩下的20%財富。

對企業而言，若能成功轉型進入知識經濟時代將稱霸企業界。舉個例子，大家還記得1989年六月的國泰人壽股價高達1985元，還記得2003年八月時國泰金控的最低股價37.7元？這中間有什麼差別？簡單來講，前者是強弩之末，後者是拔地而起。

爲什麼？二十世紀的商業銀行賺的是微薄的利差：存放款間的利息差異；在邁進二十一世紀後，成功的金控公司賺的是知識（know-how）。如今的金控將不止是把金融、證券與保險加起來而已，如果能善用經營知識便能創造以往沒有的綜效與附加價值。再則，金

控公司若能把握工業銀行（金融業的躉售業）與投資銀行（金融業的設計業）業務、可以成功跨足國際，一個金融專家所創造出來的財富恐怕超過過去千萬個行員的加總。

在邁進二十一世紀後，下一波的主流股大約有二種。其一是藉由科技革命所興起的新企業；另外一個則是成功轉型進入知識經濟時代的老企業。你看清楚兔子在哪裡了嗎？

十四、降龍十八掌之雙龍取水

佛曰：雙龍取水，隨心所欲

期貨與選擇權皆是「衍生性金融商品」，操作期貨與選擇權有三大目的：避險、套利與投機。期貨對上下的股價波動可以作等額的避險；而選擇權則是以有限的權利金成本換取反向的風險。

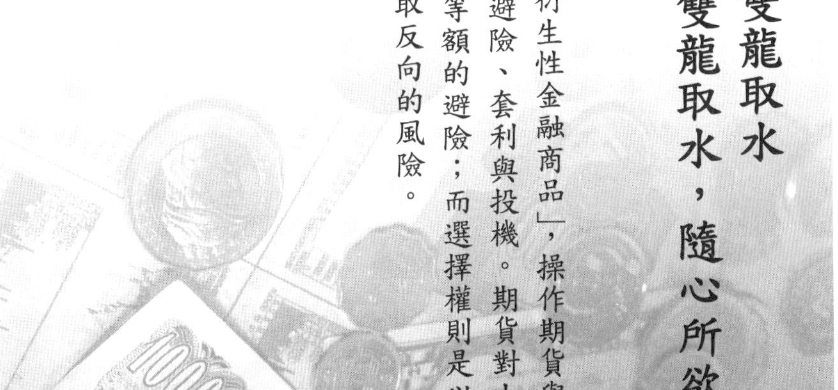

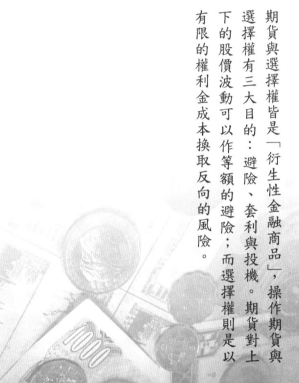

如何靈活運用衍生性金融商品

投資人常依報紙刊載內容或小道消息買股票，或跟隨股市名師進出。然而天有不測風雲、人有旦夕禍福，人生不如意的事常是十之八九，所以散戶真正賺到錢的也只有一二成。在台灣進出股市最大的風險是突如其來的政治消息面，總統大選後影響股市最大的變數是對岸中國的一舉一動，當投資人無預期地曝露在中國文攻武嚇下時最是痛苦。

當外資已經獲得一手消息退出股市時，台灣的投資人卻還死心踏地的勇敢承接。歷史一再重演，多數散戶又住進套房而不自覺！難道一般散戶投資人就無法自保嗎？很多人都聽過期貨與選擇權，礙於不懂，不敢冒然利用它來避險，相當可惜。

2000 年當阿扁總統第一次當選總統時，股市從 10393 直直落到 3411 點，台灣散戶投資人平均賠了二百五十萬元，但當年的外資卻大賺特賺，原因便是現貨期貨兩頭做。

期貨與選擇權皆是「衍生性金融商品」，操作期貨與選擇權有三大目的：避險、套利與投機。投機是以高槓桿原理進行高風險的交易；套利則是利用現貨與期貨，抑或兩種期貨間的明顯價差進行低風險交易。對於一般投資人，三丰建議宜以避險作爲操作期貨與選擇權的主要目的。

假如指數在 6000 點時，您還是看好大盤長線往上走，手中持有股票約二百萬元，然而在政治情勢仍然不穩、國際油價蠢蠢欲動下，你擔心手中持股的風險卻又不願意賣出，此時您便可以利用期貨或選擇權來避險。

假使用一口期貨來避險，一口期貨的價值爲 6000×200=1200000（一點 200 元）。如果行情往上走，闢如說漲了 300 點到 6300 點，則現貨將賺取大約 2000000×300/6000=100000；期貨則賠了 300×200=60000，總合淨賺 40000。但如果大盤下跌了 300 點到 5700 點，則現貨大約損失了 100000，期貨則獲利 60000，淨賠了 40000，但重點在於賺了多少，而是少

賠了六萬元，這就是避險。

假如用選擇權來避險，買進五口賣出選擇權（一點 50 元，假設近月 6000 點合約價格 150），買進成本爲 150 ×50 ×6=45000 元。如果行情往上走，譬如說漲了 300 點到 6300 點，則現貨將賺取大約 100000 元，但 45000 的權利金將損失殆盡。但如果大盤下跌了 300 點到 5700 點，則現貨大約損失了 100000，但賣權則大約獲利 300 ×50 ×6=90000，淨損失只有 10000，這就是避險。

期貨對上下的股價波動可以作等額的避險，而選擇權則是以有限的權利金成本換取反向的風險。**佛曰：「雙龍取水，隨心所欲**」，您也可以試試看。

十五、降龍十八掌之見龍在田

乾卦九二：見龍在田，德施普也

世界上最可悲的人是心向不明決心大，自己都不知道自己能作什麼、要作什麼、在作什麼，就已經盲目的行動了。在股市中，基本功夫都沒學好便想藉手氣、藉運氣賺取利潤，無異於「妄為」，怎麼獲利呢？

做完功課再去玩股票！

我常提醒投資人不要看報章雜誌所刊載內容買股票，因爲報紙所刊登的消息是「舊聞」而非「新聞」。在股市中先知先覺者才可能是贏家，跟據舊聞來買賣股票是後知後覺，不可能賺錢。

舉個簡單的例子，公司通常在景氣還在谷底時便要規劃投資計劃，待景氣好轉時，廠房設備已經完工並可實際運轉。當公司接獲訂單到生產也會有時間落差，備品、投入生產線、完工交運亦有落差，而收款後到公司財務報表顯現利潤數字同樣有時間落差。所以當投資大眾看到財務數據時已經與發生時間有一段相當長的時間落差了。當今年大家都看到面板股的 EPS 很高、本益比很低的時候，你想到的是多少錢買進，抑或是多少錢賣出呢？

【老子】說：「道常無爲而無不爲」。

這裡的「無爲」乃指的是不要妄爲、不要亂爲、不要強爲的意思。世界上最可悲的人是心向不明決心大，自己都不知道自己能作什麼、要作什麼、在作什麼，就已經盲目的行動了。如果在股市中，基本功夫都沒學好便想藉手氣、藉運氣賺取利潤，無異於「妄爲」，結果如何可想而知了。

買股票是看好未來而非過去，今年買股票換來的是明年起的股利收入，所以股價是反應未來前景而非反應過去業績。說起來台灣股票市場的散戶朋友膽識夠但可惜的是欠缺足夠的知識。做家長的都會跟小朋友說：「做完功課再去玩」，然而自己卻在還沒做好功課前便大膽去做投資。

民初大儒胡適說：「要怎麼收獲？先那麼栽。」

基本上在股市中要作一個先知先覺者，對散戶而言並不簡單。但有幾件功課是你可以先做的：

1．多看財經雜誌：這裡所說的財經雜誌並非是投顧公司所發行的投資雜誌，而是類似遠見、天下、商周這些可以看到產業前景的財經雜誌。基本工夫如同加強自己的內功修爲，怎麼買、何時買都是外在招式。如果沒有良好內功修爲的人，只會一些招式，也不過是花拳繡腿罷了。

2．選擇性看財經報紙：許多人會看財經報紙，但大部份焦點卻在「證券版」中的法人進出動態，如買超賣超個股與股價資料。三丰建議你忍耐不要再看證券版，改看產業版、金融版或知識版，加強自己的基本面。

3．買賣股票時機的研判：記得在「履霜冰至」單元中，三丰曾經提醒過你要守望相助，不管在多頭抑或空頭時都適用此項原則。當報紙說不好、投顧分析師也說要小心操作、周遭親朋好友也說不是好時機的時候，就是要買進股票的時候；當報紙說好、投顧分析師也說全力作多、周遭親朋好友也說搶進的時候，就是要賣股票的時候。

股市中沒有專家，只有贏家與輸家。輸家通常會幫自己找理由：爲什麼又下跌，是中共亂講話啦、政府不作多啦、美股表現不好啦…，贏家則是加強自己實力、默默耕耘的人。

您是哪一種呢？

十六、降龍十八掌之潛龍勿用

乾卦初九：潛龍勿用，陽在下也

投資標的要放遠，尋找可長可久的股票投資，避免看報紙熱門股殺進殺出，免得高興了一下，悔恨好多年。你的眼光有多遠，你的獲利就會有多遠！

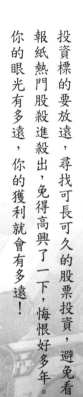

什麼股票搶不得？

記得在降龍十八掌第一式「飛龍在天」中談到：挑到好的股票就像是一堆砂石中選中真鑽石般可貴，根本就不需要短線操作。然而近來的行情讓許多人忙著殺出殺進，完全沒有頭緒。

如果你在股市中操作時間超過十年，應該還記得廣達股價在上市後曾經高達八百元以上嗎？還記得超過三百元的錸德與精業嗎？還記得度過 999 純金的禾伸堂嗎？以上這些股票股價如何呢？請看附表會讓您咋舌，這些所謂的當紅炸子雞通常在上市半年到一年期間會見最高，之後的行情皆是殘不忍睹，華邦電、茂矽更是上市後一路下殺。

三手告訴您一個事實：長期而言投資股市是划不來的。爲什麼呢？公司上市的理由美其名是透過在集中市場流通，可與一般大眾分享經營成果。其實不然！因爲通常在一家公司的營業狀況達到最高峰（或幾乎達到最高峰）時，公司才會考慮上市，一方面是財務報

表最好看，達到上市的標準；一方面是透過釋股享受創業的成果。所以與其說與一般大眾分享經營成果，倒不如說與一般大眾分享經營的風險。假設上市時公司已經達到最巔峰狀況，可想而知，接下來至少是必須冒更大的風險才能夠獲取原先的績效。所以一般公在上市蜜月期過後股價總是不會太好看。當然背負著政策任務的公司（多數是國營公司）除外，如台積電、中鋼、中華電信等。

請您再回想 2003 年年初時，多少人抱著「茂矽」痛哭？2007 年年初時，又有多少人抱著「力霸」與「中華銀」痛哭？爲什麼故事總是一再重演？除了台灣投資人心態喜歡短線進出外，最主要的理由是：一般電子商品的產業的生命周期都太短了，當你看到某個產業叫好時通常已經是巔峰狀態了。最近大家都看好 TFT-LCD，請回想去年一台 35 吋的電視機多少錢？今年價格如何？答案是去年超過十萬，今年不到五萬。如果售價都少一半了，公司的成本是否降低了一半以上？如果沒有的話，新聞一再的說面板五虎營收創新高

時，你是信以爲真，還是另有所悟呢？

回想一下五年前最紅的光碟股：錸德、精碟、中環；四年前的被動原件股：禾伸堂與國巨；DRAM股：華邦電、南科、茂德與茂矽；二年前的光碟機股：建興與廣輝；IC設計：聯發科、瑞軒。

下表所舉的例子只不過是大家耳熟能詳，曾經被歸類爲「績優股」者。當大盤在2001年落底後，這些股票卻持續破底，多數的股票皆在2005~06年才真正落底。再想想最近大家一面倒看好的雙D族群（DRAM、TFT-LCD），你體會到什麼？

三手提醒您，爲了不讓歷史一再重演，投資標的要放遠，尋找可長可久的股票投資，避免看報紙熱門股殺進殺出，免得高興了一下，悔恨好多年。什麼是可長可久的股票呢？至少榮景要超過五年以上才算數，如果能達到十年以上更好。許多人問三手說台積電、聯電還可不可以買？當然可以，台積電、聯電都是好公司，但黃金（超額利潤）時期已經過

了，如果你把聯電和台積電當中鋼投資會是一個很好的主意（a good idea）。未來幾年，你可以好好觀察聯電和中鋼的股價走勢，你就能夠體會三手今天所談的意義了。最後，送給你一句話：

你的眼光有多遠，你的獲利就有多遠！

股票別	上市股價		歷史最高		歷史最低		2007/1/2股價
	日期	股價	日期	股價	日期	股價	
加權股價指數			2000/2/18	10393	2001/9/26	3411	7920
廣達	1999/1/8	401	1999/6/10	850	2006//8/30	43.5	58.7
威盛	1999/3/6	218/	2000/4/11	609	2005/1/27	14.7	40.3
禾伸堂	2000/1/13	77	2000/4/12	999	2005/1/20	38.3	54.7
錸德	1996/4/23	32.1	1999/7/3	355	2006/8/30	6.75	9.56
精碟	1998/5/8	48	2000/4/11	359	2006/9/15	2.2	6.06
華邦電	1995/10/18	105.5	2000/6/14	106.5	2005/10/27	7.35	12.8
茂矽	1995/9/23	110	1999/9/25	112.5	2003/5/9	1.49	34
聯發科	2001/7/23	297	2002/4/2	783	2001/9/19 2005/1/27	219 171	360

註：加權股價指數之最高與最低為2000年後數據。

十七、降龍十八掌之突如其來

離卦九四：突如其來，无所容也

災難來得突然，但災難中常隱藏著獲利的契機。股票市場對利空因素通常都是以一次跌完的方式呈現，災難來臨時通常就是最好進場的時機。

災難投資學

921 地震曾經喚醒台灣人百年來的恐慌；911 恐怖事件更讓全球股民不知所措。而 319 的二顆子彈造成總統選舉翻盤更是華人選舉大逆轉的千古經典之作（容在本書中台股選舉效應另章說明）。不管天災或人禍，突如其來的利空因素後股票大跌如影隨形，然而發生的當時您心裡在想時麼？是唯恐世界滅亡，先賣再說；還是稱機找標的買進，大發災難財呢？

先來看些數據吧。在 2000 以前，發生在 1997 年的口啼疫事件讓台股在一週內跌了 4.74%，但一個月後便幾乎回到原點，一季之後更比事件發生時上漲了 4.59%。發生在 1998 年的大園空難事件對台股在短期內並未帶來影響，一週內上漲 5.04%；一個月內指數幾乎沒有變動，一季更比事件發生時下跌了 7.37%。發生在 1999 年，震驚全台的百年地震 921 事件讓台股在一週內跌了 8.42%，但一個月指數幾乎沒有變動，一季則慢慢回漲，只比事件發生時下跌 4.11%。

再看看 2000 以後民進黨執政，發生在 2000 年的八掌溪事件讓民進黨面臨執政後的第一次信心危機，其實也是台灣經濟基本面大利空的開始。台股在一週內雖只跌了 0.29%、一個月只跌了 0.6%，但一季後比事件發生時卻大跌了 30.44%。發生在 2001 年，震驚全世界的 911 恐怖攻擊事件讓台股在一週內大跌了 9.47%，但一個月指數幾乎沒有變動，一季則慢慢回漲，比事件發生時反而大漲 22.32%。21 世紀第一個超級颱風，發生在 2001 年的納莉颱風（此一事件與 911 事件相隔 5 天）讓台股在一週內跌了 4.84%，但一個月後便幾乎回到原點，一季後更比事件發生時上漲了 45.36%。

看看最近的二個例子，發生在 2003 年造成亞洲恐慌的 SARS 的事件讓台股在一週內跌了 3.14%，一個月內大跌 8%，但事件鈍化、事件發生一季後卻比原點上漲了 8.41%。發生在 2004 年的第二次波斯灣戰爭讓台股在一週內大跌了 9.12%，一個月內便不再下跌，

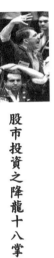

美軍勝利、一季後卻比事件發生時上漲了13.5%。

【老子道德經】說：「禍兮福倚；福兮禍伏。」

災難來得突然，但災難中常隱藏著獲利的契機。股票市場對利空因素通常都是以「一次跌完」的方式呈現，以台股爲例，多在一週內反應的差不多，隨者消息消化完便成爲利空出盡了。從以上十數年來台股經驗來看，除了發生在2000年的八掌溪事件讓民進黨面臨執政後的第一次信心危機，大趨勢往下外，災難來臨時通常就是最好進場的時機，如果能夠逢低擇優買進，投資報酬率相當可觀。

易經曰：「突如其來，焚如、死如、棄如」。

股海如大海浩瀚無垠，時而驚濤駭浪，時而風平浪靜。遇見突如其來的股市沉浮要能先冷靜以對，沒有寒冬下霜雪哪來梅花噗鼻香呢？

災難別 (發生日期)	基準指數	前一月指數漲跌	後一週指數漲跌	後一月指數漲跌	後一季指數漲跌
名古屋空難	5851.16	5332.21	5800.35	5852.36	6767.22
(1994/4/26)		9.73%	-0.87%	0.02%	15.66%
口啼疫事件	8492.66	7678.04	8089.7	8421.87	8882.13
(1997/3/20)		10.61%	-4.74%	-0.83%	4.59%
大園空難	8708.29	7799.1	9147	9065.3	8066.16
(1998/2/16)		11.66%	5.04%	4.10%	-7.37%
921 大地震	8274.36	8153.57	7577.85	7654.9	7934.26
(1999/9/21)		1.48%	-8.42%	-7.49%	-4.11%
八掌溪事件	8167.37	8637.6	8143.93	8118.05	5680.95
(2000/7/22)		-5.44%	-0.29%	-0.60%	-30.44%

災難別 (發生日期)	基準指數	前一月指數漲跌	後一週指數漲跌	後一月指數漲跌	後一季指數漲跌
納莉颱風 (2001/9/16)	3774.62	4404	3591.85	3712.82	5486.73
		-14.29%	-4.84%	-1.64%	45.36%
911 恐怖空襲 (2001/9/11)	4176.93	4476.91	3781.17	3789.93	5109.24
		-6.70%	-9.47%	-9.27%	22.32%
澎湖空難 (2002/5/25)	5706.4	6355.59	5571.08	5316.04	4935.92
		-10.21%	-2.37%	-6.84%	-13.50%
SARS 事件 (2003/3/27)	4499.69	4432.46	4358.39	4139.5	4877.9
		3.76%	-3.14%	-8.00%	8.41%
第二次波灣戰爭 (2004/4/18)	4658.3	4539.72	4233.54	4255.8	5287.38
		-0.21%	-9.12%	-8.64%	13.50%

註：基準指數爲災難發生前一個交易日收盤價。

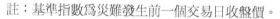

十八、降龍十八掌之笑言啞啞

震卦篆辭：笑言啞啞，后有則也

如果你能理解台灣股市的脈動狀況，堅守「吃完月餅買股票、吃完粽子賣股票」的基本原則，不要天天到股市報到，就能輕鬆享受在股市賺錢的樂趣。

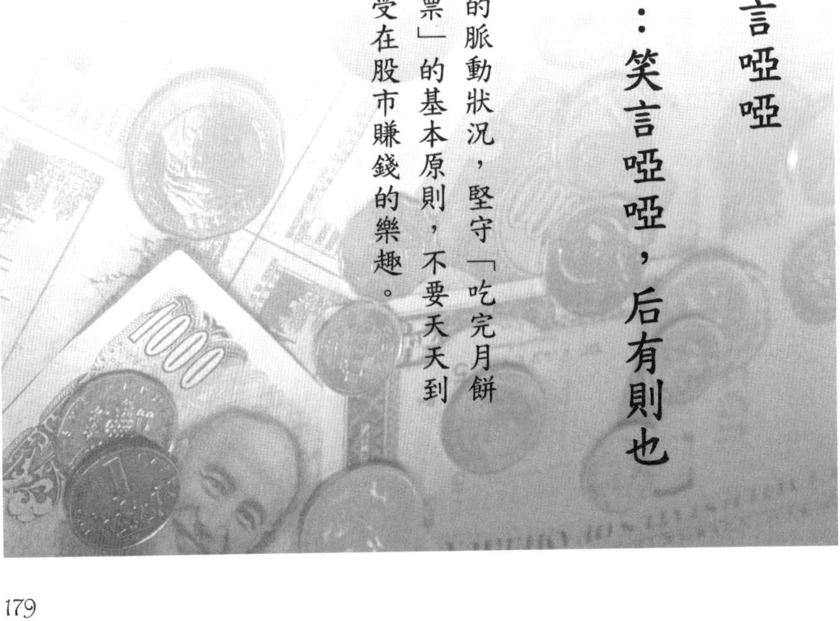

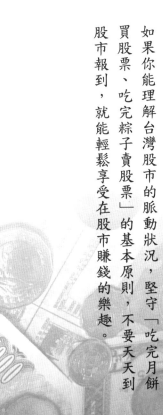

輕鬆投資，快樂獲利的密訣

許多投資人應該都很感嘆，影響台灣股市最深的是政治消息面。以台灣股市來看，最大變動的變動原因多來自藍綠間的政治鬥爭、對岸中國的喊話。如近年來每逢總統大選，藍綠鬥爭愈烈、兩岸關係愈緊繃。2004 年外資狂賣台股、大額匯出台灣，導致台股大跌超過一千五百點。許多人不滿，許多人不甘心。

易經**【賁卦・彖傳】**說：「**觀乎天文，以察時變。**」

【賁卦・彖傳】也說：「**天地以順動，故日月不過，而四時不忒。**」

亦即說顛地順其本然之性而動，所以日月運轉無差失、四時交替無差錯。

【豐卦・彖傳】也說：「**日中則昃、月盈則食，天地盈虛，與時消息。**」

天地自然有盈必有虧、有虧必有盈，它們都是跟據一定的規律在運行的。

其實據三手深入了解台股脈動來看，台灣股市有其脈絡可循。即如萬物一般，股市存在於宇宙之間便有其規律性。如天有陰陽圓缺、一年有春夏秋冬般，如果我們假如能夠好好把握，投資股市如同農人般規律：春耕、夏種、秋收、冬藏，則投資利潤便自然而來。

投資台灣股市有幾個時點必須特別注意：

1．中秋是一年最佳買點：月圓人團圓，中秋節代表著幸福圓滿。台灣股市在一年之中以第四季的多頭走勢最明顯，中秋通常是第四季的起始點。以過去超過十年的歷史來觀察，大約有四分之三的機會是多頭走勢。假如我們不管當年度的特殊狀況，碰到中秋節就作買進動作的話，四年中有三年是賺錢、只有一年會賠錢。

2．歡喜收割慶過年：農曆年是華人一年之中最重要的佳節，發紅包、收紅包是華人過節重要的習俗。對上班族而言，收到年終獎金是慰勞工作一年辛勞最好的回饋。由於年前對農曆春節開紅盤的殷切期盼，農曆年前的行情通常不壞（請參考「台股的農曆新年效應」一文），年後則是資金寬鬆的散戶將剩餘資金投入股市，因此農曆年

後的行情不會太好看。此時可以考慮暫時抽出部份資金減低投資風險。

3．吃完粽子賣股票：端午節也是華人重要的節日之一，其實端午節在中國歷史上而言不是一個好節日，它是戰國時代名人屈原、伍子胥自（被）殺的日子。粽子吃多了也不好，容易脹氣消化不良。而在台股過去超過十年的歷史來觀察，大約有一半的機會是空頭走勢，另外一半多頭行情也好不到哪裡去。

4．放暑假要專心，不要心有旁騖：如果說端午節不適合買股票，那麼放暑假更要專心，把手中持股大量出脫才是最好的策略。台灣股市在暑假期間的行情通常不佳，天災人禍不斷，前者如一年比一年嚴重的颱風風災，又如 921 地震則發生在暑假尾巴；後者如李前總統的二國論、阿扁總統的一邊一國論所引發的台海危機，皆發生在暑假，911 恐佈攻擊事件也發生在暑假尾巴。說白了中秋節前投資股票可以用「膽戰心驚」來形容。

【易經】曰：「**時止則止、時行則行，動靜不失其時。**」

若能順應天理規律而行，便能做到「動靜不失其時」。如果你能理解台灣股市的脈動狀況，堅守「**吃完月餅買股票、吃完粽子賣股票**」的基本原則，不要天天到股市報到，也不要一定手中持股才有投資股票的感覺。你要在台灣股市中賠錢還真不容易喔。

第肆篇　股市槃若心經

面對紛亂的股市行情，你的心情是隨之起浮不定，抑或是從容自在？內心自在者視外在萬千世界如浮雲；內心怨懟者視外在美妙世界如風暴，其中關鍵存乎一心。

股票價格可以理性分析獲得，問題是分析股票的人卻是不理性的。有人說投資股票的是呆子；投機股票的是瘋子。近20年來，投資心理學崛起，挑戰以理性預期爲基礎的效率市場假說。其中關鍵在於：投資心理學考量到投資人的心理狀況，認爲即使市場可能理性，卻因爲投資人的本性而偏離。

有二種人可以在股市中賺到錢：一種是「異於常人」；另一種是「不是人」。前者的投資心態已脫離一般散戶心態，可以在混沌股市中從容進出；後者根本拔除人性，以機械式的投資法則取代掉自認爲萬能的人心。

本篇文章以「投資心理學」學理爲基礎，讓您在簡單易懂的字行間徹底解構投資心理上的盲點，拔除「貪、嗔、癡」的散戶心態，讓您在混沌不明的股海中有了明確的投資明燈，從容進出股市、輕鬆自在獲利。

一、股市槃若心經之（一）：處份效果

色不異空，空不異色，色即是空，空即是色

投資人在面對損失時的痛苦，會大於實現獲利所得的效用。投資人為避免做出錯誤決策所帶來的悔恨，會傾向持有虧損股票而實現利得股票。

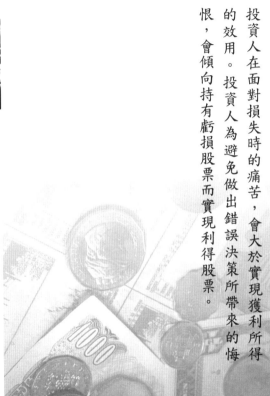

人們在買入持有股票時，內心當然主觀認爲自己會獲利，然而天常不從人願，當多數人認爲會漲的股票通常就是快回檔了。如果買入後股價不幸一路下跌而導致損失，就會產生認知失調而感到痛苦。這時候多數投資人寧可套牢，並等待股價回升來解套，以降低認知失調所產生的痛苦。

另一個思考角度看，如果投資人賣出套牢股票，認賠出場，無疑承認自己的決策錯誤，其所帶來的痛苦恐怕比金錢的損失還要來的嚴重。這說明一般投資人，爲何在股價下跌時仍繼續持有股票，忍受套牢的壓力；而股價一旦回到成本區或小額獲利，就急於賣出持股。所以學者認爲，投資人爲避免後悔，會傾向持有損失的股票而去實現獲利的股票，這就是處份效果（或稱錯置效果，disposition effect ）。此一現象對美國的投資人台灣散戶投資人皆普遍存在。

理由何在?當投資人面對利得和損失時，其效用是不同的。

投資人在面對損失時的痛苦，會大於實現獲利所得的效用（通常是二倍左右）。

這是因爲必須同時面對原有認知的改變和財務損失的雙重痛苦。投資人爲避免做出錯誤決策，所帶來的悔恨和必須承擔的責任，會傾向持有虧損股票而實現利得股票。法人與散戶不同嗎？跟據國內學者研究顯示，共同基金的操盤人也存在處份效果：基金投資人實現獲利的比例顯著高於實現虧損的比例。其實曾有某財金雜誌這麼形容國內投信基金操盤手爲「穿著亮麗西裝的菜籃族」。此一形容詞真是一針見血阿！

【易經】曰：「**震無咎者存乎悔**」。

人不會沒有過錯，而且隨時會犯錯。懂得小心謹慎，隨時反省與改正錯誤，才能達到無咎的地步。所謂「無咎」並非沒有過錯，而是善於補過。善於反省自己的錯誤，加以改正就是無咎。

如何擺脫「處份效果」的金鈷匝呢？

1．不聽朋友（包括營業員）的小道消息進出，甚至要反其道而行。一般人得到消息多數已經是多手傳播，論時效、論正確度都已經偏頗了，又如何以這些消息獲利呢？

2．不看報章雜誌所發佈的利多或利空消息進出股票，甚至在一片看好或一片看壞聲中應該反其道而行。「**買人之所以不敢買、賣人之所以不願意賣**」才能獲利！

3．先設停損點並嚴格執行，如果連續三次都狠不下心執行，請您暫時退出股市，因爲這種狠不下心的人下場通常是最慘痛的。

4．等練好上乘功夫再進入股市。許多台灣股民對公司一知半解便投入股市，可謂是暴虎鴻河之勇啊。進出股市靠勇氣，但能否賺錢是看智慧而非光靠愚勇。

二、股市槃若心經之（二）：過度自信

不生不滅，不垢不淨，不增不減

投資人常在心中存在一種心魔，稱之為「有效幻覺」。許多投資人會去看和自己對股市看法一致的分析師的節目，對與自己意見不同的分析師則嗤之以鼻。過度自信導致投資人交易過於頻繁而造成未贏先虧。

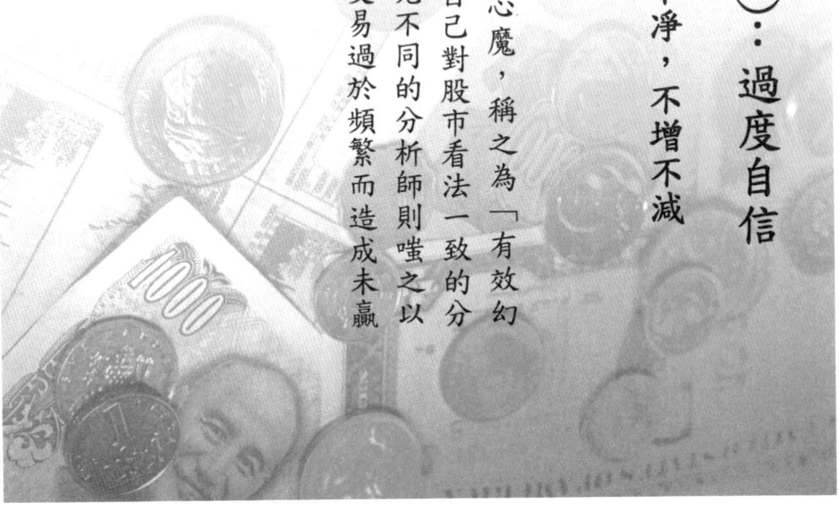

人是一種很極端的動物，有時缺乏自信，有時候卻又過度自信。什麼是過度自信？過度自信就是個人經常會過於相信自己判斷的正確性。再者，人們對於自己所有的知識及能力，常常會有高估的情形產生，學者將這種情形稱爲過度自信。

探究其原因，其中之一是投資人常在心中存在一種心魔，稱之爲「**有效幻覺**」，通常一個人在做決策時，會去尋找對他們有利的經驗和證據，而不會去尋找不利的。所以常見的一種情況是：**許多投資人會去看和自己對股市看法一致的分析師的節目，對與自己意見不同的分析師則嗤之以鼻。**

過度自信另外一個重要的起因是：股票市場普遍具有資訊不對稱的情形，但投資人往往在認知受改變時（利多價漲或利多出現），才買入股票或交易頻繁，投資人通常不會在完全沒有獲利認知的情況下，進行買進的動作。因爲真實股票市場所謂的好與壞，都取決於價值的判斷與股價的趨勢預測上。真正談到資訊的價值在於時效性，而一般散戶投資人憑藉的是雜訊交易，一方面又受到心裡恐懼和貪婪的負面情緒影響，而對股價價值判斷的資訊又往往是落後的。

證券市場的投資人在資訊不對稱，憑藉雜訊交易，及有限理性的形況下，很難像專業機構或法人一樣進行比較理性的投資，而造成證券市場先天上的不均衡。原因在於市場的每一個投資人都想要從中獲取利益，而掌握資訊的少數人就是股票市場最大的贏家。無論從實際的心理層面或現實的股票市場，投資散戶未認清楚自己投資行爲和真實市場的運作，過度自信的心理偏誤是可能發生的。

過度自信的投資者是通常會交易過於頻繁，造成未贏先虧的現象：還沒賺到投資獲利便已虧損本金。透過性別來測試，男性過度自信的程度比女性嚴重，尤其是在男性主導的社會裡，男性投資人的交易周轉率通常高於女性。然而跟據筆者研究發現，在台灣股市中女性主觀的過度自信的程度比男性嚴重。這可能是許多婆婆媽媽級的投資人構成了台灣散

戶的主力所致。

一般理性投資人總是在預期收益大於交易成本才會進行交易。但**過度自信的投資者，會誤認爲自己取得的資訊正確性高**，期望在交易中獲取利差，當與真實的期望相反的情況，不會立即改變行爲，仍會繼續交易。所以，在過度自信模型的預測中，男性比女性過度自信，而且績效表現比女人差，此點在不管在歐美或台灣所獲得的實證結果都差不多。

如何克服「過度自信」的心魔呢？

【老子道德經】曰：「**終不爲大，能成其大。**」

學學竹子吧，「虛心」、努力把自己的股市基本功夫修練好，加上訓練自己對消息面的敏感度，讓自己成爲「先知先覺者」而擺脫「後知後覺者」。

許多投資人不懂什麼是對消息面的敏感度，這與亂猜測有何差別？這與練功時見招拆招和比手畫腳的差別很雷同。如果內功修維沒練習好，只學招式就想出江湖，那便是花拳繡腿，如果注重武功價值觀的培養與基本功夫的修維，再學習外在的武功招式，則見招拆招之間便能行雲流水，運用自如了。

三、股市槃若心經之（三）：避免後悔

心無挂礙，無挂礙故，無有恐怖

認知錯誤是當個人對所面臨的情況和他們心中的想法和假設不同時，所產生的一種心理的衝突。個人可能會採取行動降低認知錯誤，譬如可能刻意不理采新資訊或是極力為自己錯誤想法辯護。另外，由於害怕後悔，造成投資人要錯一起錯的從眾行為，但事實上是：散戶最多的地方最危險。

現在有東邪、西毒兩位投資人，東邪持有甲股票，而朋友告知乙股票的未來前景佳，東邪雖然很想把股票換成乙股票，但是最後決定作罷。而西毒本來持有乙股票，乙股票很久未漲，於是下定決心把乙股票換成甲股票，最後乙股票竟然大漲。說到這裡一定勾起許多人心中的痛吧！

從經濟學的觀點來看東邪西獨所得到結果是一樣的，但是結果相同、痛苦卻不同。兩人雖都一樣持有甲股票，同樣少賺十萬，但東邪、西毒兩人的感受真的一樣嗎？**以行爲財務學的角度來看東邪感受到的決策後悔，是一種該做而沒做的後悔(regret of omission)。東邪失去的是機會成本，是少賺的錢；然而西毒所感受到的是決策後悔，是做錯事的後悔（regret of commission）。**相同的結果，西毒感受到的是損失。以財務心理學中的展望理論的價值函數而言，損失的效用函數比獲利的效用函數陡峭許多，甚至是兩倍以上。所以西毒的痛苦程度會遠大於東邪，因爲西毒感受到的是損失十萬，東邪感受到的是少賺十萬。

認知錯誤是當個人對所面臨的情況和他們心中的想法和假設不同時，所產生的一種心理的衝突。個人可能會採取行動降低認知錯誤，譬如可能刻意不理采新資訊或是極力爲自己錯誤想法辯護。所以常看到許多人投資賠錢還怪東怪西，投資股票不賺都是政策錯誤、政府不配合、國際股市不佳…其實千錯萬錯就是自己錯！就承認吧。

另外，雖然實現一個具有利得的股票會產生驕傲感，但隨著被實現的股票其股價持續的上漲，投資者的驕傲感會下降，並產生實現太早的遺憾。

更重要的是：**由於投資人害怕後悔，造成要錯一起錯的從眾行爲**（你看，賠錢的一缸子，不止只有我！），在股票市場是常見的行爲。在不確定的情況下作決定，是一件很困難的事，在這種情況下，人們在行動之前，會先觀察別人怎麼做然後再行動，以免做錯後悔。在十七世紀，荷蘭有名的鬱金香事件；台灣七十八年的股市和房地產飆漲泡沫，2000年的網路投資熱潮，都是這種心態下的產物。從眾行爲就是在相同的共識或一致的行爲所

建立起來的信心，所謂的「壯膽」，以減少決定過程的恐懼。

以上的論點可歸納出投資人的兩種心態，但應該極力避免：

1．『後悔趨避』的心態：投資人如果投資失敗，它會將此歸因於其他投資人也是和自己一樣，以減少內心後悔的程度，這也是降低認知失調的方式。但是記得**要鶴立雞群，千萬不要雞立鶴群**。

2．大家趨之若鶩，必有利可圖：實務上，在股票市場中，這通常是投資人從眾行爲發生普遍現象。投資人聽信明牌或他人建議的時候，假如內心所囑意的標的一樣，又能確定告知的一方已經購買，其減少內心的後悔程度會降低，並增加其購買的意願。但記得：其實**散戶最多的地方最危險**，當散戶普遍認知有一致性時，其時已經種下崩盤的危機在裡頭了。

【老子道德經】曰：「知足知止，可以長久。」

必要條件就是能知足惜福、脫離散戶的行列、去除散戶的心態，至少你已立於不敗之地了。

四、股市槃若心經之（四）：心理帳戶

能隱能現，無往無來，能以芥子包納三千大千世界

在投資決策中，我們會將不同投資標的分別進行決策，而不是將他們視為一個投資組合來看待。在這樣的投資帳戶框架下，常看到許多人把手頭上賺錢的股票賣掉而留下套牢的股票，結果是：該賺更多的沒賺到，不該賠更多的卻賠了更多。

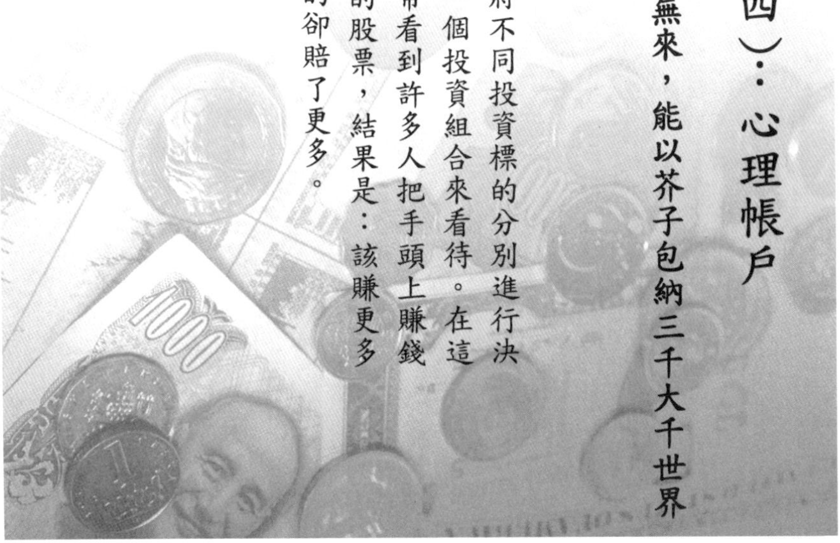

心理帳戶，即是指每個人皆根據其自身的參考點，定出一個決策方案。例如：不同的股票，在買進時便有不同的參考點（成本價），而投資人面對此一現象，便會根據其自身之心理帳戶做出最適的決策。心理帳戶可以解釋很多行爲的表現，例如：在投資決策中，我們會將投資方案甲與投資方案乙分別進行決策，而不是將他們視爲一個投資組合來看待，在這樣的投資帳戶框架下，會產生非效用最大化的決策。所以常看到許多人把手頭上賺錢的股票賣掉而留下套牢的股票，因爲「還沒回本」。結果就是：

該賺更多的沒賺到，不該賠更多的卻賠了更多。

一個看演唱會的例子是行爲財務學者常引以爲用的。現在有兩個人：雨煙與海媚，同樣想去參加阿妹演唱會。其中雨煙已經在網路上購票了，而海媚打算到現場再購票進場。但是演唱會當天剛好遇到大風雨，預付票款的雨煙者會比打算到場買票的海媚，較有可能冒雨去聽，預付的票款我們稱之爲沉沒成本。上述的故事中，重點已經不在於聽演唱會本身，而是不去聽是浪費一筆錢；而到場買票者，此時就會加入下雨天的出門成本。學者以傳統經濟學的邊際理論不足，來解釋心理帳戶的成因。

以股票配息而言，日常開生活開支，動用到的股利收入帳戶(心理帳戶)，會顯得心安理得；而對長期投資者而言，生活開支常會自我設定以動用到股利的上限，對於賣掉老股來支付日常開支的行爲，會有動用老本的不安情緒。

【老子道德經】曰：「**無生於有；有生於無。**」

如何克服「心理帳戶」呢？首先要有一個正確的觀念，你必須把所有投資的股票視爲一個「投資組合」，所以獲利與否應該以組合的概念去看，而非一支一支股票去檢討。亦即至少做到「團進團出」，波段結束時把投資組合全部出清；波段開始時才能有個全新的心情與組合迎接獲利。**不該把好股票賣掉，反而把爛股票留在股市中**，成爲操作股票時心中永遠的痛。

再進一步用更精進的角度來看，如果要調整投資組合，應該是「汰弱留強」而非「汰強留弱」，把不漲的股票賣掉留下賺錢的股票。只有心理上的觀念全然改觀，把過去不好的習性完全改掉才有可能在未來賺到錢。

五、股市槃若心經之（五）：

追求身心靈平衡的投資哲學

了解自己的投資偏誤，唯有了解偏誤何在才能對症下藥。培養正確的人生觀與處事哲學。唯有擁有正確的處世哲學，進出股市才能進退有度，獲利有方。

子注【易經】：是故剛柔相摩，八卦相蕩，鼓之以雷霆，潤之以風雨，日月運行，一寒一暑。

根據道瓊投資顧問公司(Dow Jones Investment Advisor)與財務心理學公司(Financial Psychology Corp.)對美國股市投資人所做的統計，發現幾個有趣的現象：

1．有80％的人的投資決策受到情緒(Emotion)的影響。

2．有80％的投資人無法忍受高風險，只有20％的人可以在風險升高後，仍能繼續以平常心投資。

3．「可能虧損」對於投資人下決策的影響力，遠大於「可能賺錢」的影響力。也就是說，一般投資人比較容易受到重大利空消息的驚擾，出現恐慌性殺盤。但相對的，對於利多因素，則普遍存著再觀望一下子的態度，也因此容易錯失良好的進場良機。

4．股市投資人在多頭市場時容易過度樂觀，活像是一頭蒙上眼睛的鬥牛，橫衝直撞。

5．股市投資人在多頭市場時，比較容易忘記過去歷史經驗的教訓，而讓自己陷入歷史的循環而不自知。

衣食等外在生活要素可以靠外力獲得；唯生活智慧哲學，只能靠自身修練去品味與領悟。我們人生在世都在追求，大部份的時間都花在追求外在物質名利，而股票市場便是活生生的一個充滿利潤追尋的大染缸。我們投入股市就是爲了獲利，但越想去追逐利潤卻不見得可以如願。因爲在這個人人追求利潤的市場中，它集結所有人類極貪、極瞋與極癡等苦痛於一體。

要在這個市場中獲取利潤而卻不陷入裡面嗎？其實答案便是如此簡單，古諺：蓮花出淤泥而不染。唯有脫離貪、瞋、癡等淤泥而不染的投資人才能真正獲利。轉個彎說，生存智能的富有者是懂得適當調整心態的人。上述的統計中，有 80%的股市投資人無法忍受高風險，只有 20%的人可以在風險升高後，仍能繼續以平常心投資。其實，就是那些能

以平常心投資股票的人才是真正的獲利者。股市大漲要淡然處之，千萬不可得意忘形、狂妄自大；股市大跌要泰然處之，唯有股價下跌才能逢低佈局，等待獲利。

所以能否當個情緒管理者便決定了投資人的命運。以做事風格來區分，大約可以分成二大類型的人，行動者(doer)希望現在就投資而不是以後才下手，所以他們會延遲那些令人感覺厭倦的事前準備工夫；計畫者(planner)卻希望爲未來的投資做好準備，先花時間去完成辛苦的事前準備工夫。他代表著欲望與意志力間的衝突的發生，是因爲我們都同時被長期的理性關切與短期的情緒因素所交互影響。做好投資工作便是將自我控制是兩種自我間的相互作用：計畫者與行動者融合爲一體。

當面臨「過度自信」的亢奮時要懂得謙卑，「得意時要夾著尾巴；失意時要抬頭挺胸」。唯有不卑不亢才能隨遇而安，心情輕鬆自然。當面臨「避免後悔」的窘境時要懂得謹慎反省與改正錯誤。

【易經】曰：震無咎者存乎悔。

人不會毫無過錯，甚至於隨時有錯，重要的是能善於反省自己的錯誤，加以改正不要再犯即可。所謂無咎是沒有大錯誤，是追求沒有過錯。

子曰：「吉凶者，言乎其得失也。悔吝者，言乎其小疵也。無咎者，善補過也。」

如何自在投資呢？謹提供的五大藥方供讀者參考：

藥方一：知道自己爲什麼要投資？自己是風險的愛好者還是規避者？自己適合做個安份的投資人，還是可以進出斷殺的投機客。

藥方二：建立量化的投資準則，不同的人適合不同的投資菜單。如何在要求報酬率與可忍受風險間求取均衡點是必做的功課。

藥方三：多角化投資

不管是自己是風險的愛好者還是規避者，都必須有分散風險的規劃。

1．持有多種不同產業的股票進行多角化。

2．自己任職公司的股票不要多買，股東與員工身份要徹底分離。

3．也要投資債券或其它金融商品。

藥方四：控制自己的投資環境

1．每季檢視自己所投資的股票的大方向並適當調整。

2．不要天天進出股市，依照本書對台股脈動觀察的建議，一年幾次投資便可。

藥方五：了解自己的偏誤，唯有了解偏誤何在才能對症下藥。但重要的是能夠徹底做個修正才算是克服偏誤。

聖嚴法師說：『瞭解它；面對它；解決它；放下它』。

培養正確的人生觀與處事哲學。唯有擁有正確的處世哲學，進出股市才能進退有度，獲利有方。

易言之，養性、修身，才能在充滿人性貪婪的股市中治國平天下。追求身心靈平衡的投資哲學是投資的核心法則，也是本書送給讀者朋友的中心思想。

國家圖書館出版品預行編目資料

台灣股市解碼—讓你輕鬆成為股市大贏家 / 張三丰著
一版. 高雄市: 玲果國際文化事業有限公司, 2007[民96]
面 ; 14.8×20公分.
ISBN 978-986-83029-0-7 (平裝)
1.證券 2.投資
563.53 96007454

台灣股市解碼

—讓你輕鬆成為股市大贏家

THE 18 DRAGON KUNG-FU IN THE tTAIWAN STOCKS MARKET

作者◎張三丰
出版人◎王艷玲
文字編輯◎林卿凰
封面美工編製◎水得網頁設計工作室

出版者◎玲果國際文化事業有限公司
Lingo International Culture Co. Ltd.
社址◎高雄市鼓山區大順一路1041巷3號3樓
電話◎(07)5525715
E-mail◎yourlingo@yahoo.com.tw
網址◎http://www.taiwanlingo.com.tw
劃撥帳號◎42122061 戶名: 王艷玲

印刷裝訂◎宏冠數位印刷
ISBN◎978-986-83029-0-7(平裝)
書號◎LS001
出版日期◎2007年4月 初版一刷
定價◎新台幣250元
Printed in Taiwan